Nur die Oberflächlichen legen keinen Wert auf Äußerlichkeiten

Oscar Wilde

Komm in die Stadt, und werde Kaufmann

Autoren:
Hermann Gutmann
Günther Obitz

Stiesing

Seit 1895

Impressum

Komm in die Stadt, und werde Kaufmann
100 Jahre STIESING in Bremen

Herausgeber:	HERM. STIESING, Bremen
Redaktion:	Anne Hesterberg, Harm Hesterberg, Alexander Kaltofen
	Hermann Gutmann, Günther Obitz
Übersetzung:	Mary Janz/Günther Obitz
Gestaltung:	Wallstreet Kommunikation und Design GmbH, Bremen
	Ralf Eversmann, Nena Held
Fotos:	Daimler-Benz Aerospace AG, Bremen;
	Studio Jens Frommann, Werbefotografie, Bremen;
	Landesbildarchiv Bremen; Jürgen Nogai;
	Oliver Saul Foto-Design, Oyten; Ingo Wagner
Quellen:	Herbert Schwarzwälder: **BLICK AUF BREMEN**
	Ansichten – Vogelschauen – Stadtpläne vom 16.–19. Jahrhundert
	Architekten- und Ingenieur-Verein: **BREMEN UND SEINE BAUTEN**
	H. Gutmann, S. Hollanders: **BREMEN ZU KAISERS ZEITEN**
	Alan Flusser: **CLOTHES AND THE MAN**
	The Principles of Fine Men's Dress
	Reinhard Haas, Axel Thorer: **DAS NEUE MÄNNERBUCH**
	Vittoria de Buzzaccarini: **L'ELEGANZA DELLO STILE**
	dueccent'anni di vestir maschile
	John de Greef: **L' HOMME ET LE MODE**
	Alexis Gregory: **THE GOLDEN AGE OF TRAVEL**
Litho:	Reproteam, Bremen, Sabine Zinter
Gesamtproduktion:	Berlin Druck, Achim

ISBN 3-927455-04-0

Verehrte Leser!

Was am besten tun, wenn man auf 100 Jahre Firmendasein zurückblickt? Meine Familie und ich, wir möchten uns bedanken.

Bei all jenen, die über die Jahrzehnte beteiligt waren am Wachsen der Fa. STIESING, bei denen, die es überhaupt erst ermöglicht haben, diesen 100. Geburtstag zu begehen.

Bei unseren Kunden, die uns über all die Jahre treu geblieben sind, bei unseren Mitarbeitern, die dieses alles mit aufgebaut haben, bei unseren langjährigen Lieferanten, die uns in Partnerschaft zur Seite gestanden haben, und bei all den Familienmitgliedern – denen, die nicht mehr unter uns weilen, und den gegenwärtigen – für ihren unermüdlichen Einsatz von 1895 bis heute, 1995.

Ihnen allen möchten wir dieses Buch widmen, die die Vergangenheit erlebt haben und uns in die Zukunft begleiten – und unserer Heimatstadt Bremen, unserer gemeinsamen Liebe, die, wo wir auch weilten, immer Priorität hatte.

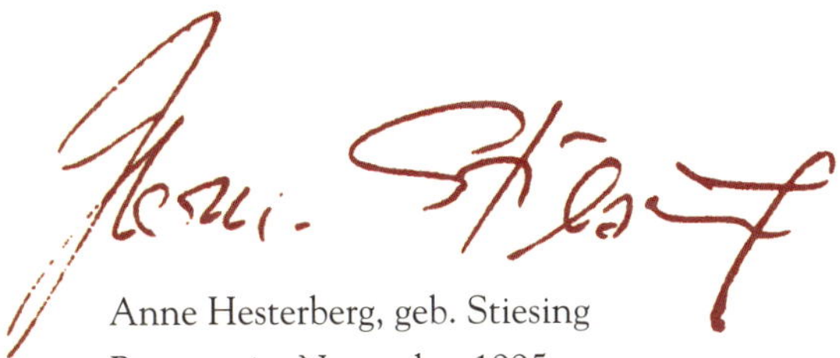 *

Anne Hesterberg, geb. Stiesing
Bremen, im November 1995

* Anne Hesterberg, unterschriftsberechtigt als Herm. Stiesing

1895

Am Anfang

1895

Das Jahr 1895

Die Russen hatten es endlich nach 42 Jahren geschafft, Westturkestan zu erobern. Die Chinesen und Japaner schlossen Frieden. China trat unter anderem Formosa, das heute Taiwan heißt, an Japan ab und erkannte die Unabhängigkeit Koreas an. Die Italiener marschierten in Abessinien ein, was aber keine Folgen für Abessinien hatte. Die Italiener flogen gleich wieder raus.

Wilhelm Röntgen entdeckte die nach ihm benannten Strahlen. Im Berliner Wintergarten führten die Brüder Skladanowsky erstmals einen Film vor. Theodor Fontane ging mit seinem Roman »Effi Briest« an die Öffentlichkeit.

Bremen um 1900

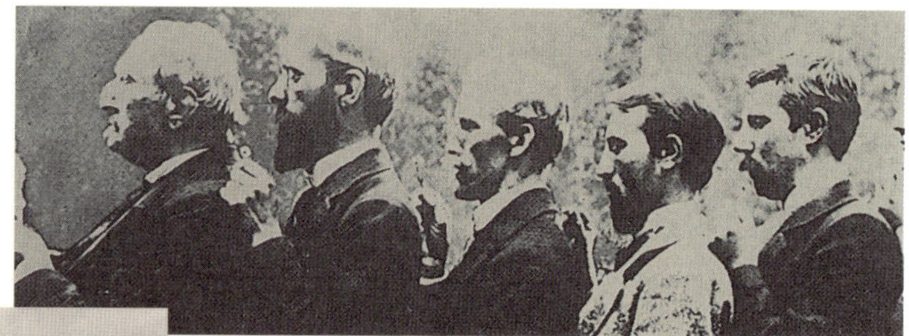

Von rechts nach links: Overbeck, Müller-Brauel, Mackensen, Modersohn, Allmers

»Wir gingen an einem Nachmittag, 25., 26. und 27. August nach Bergendorf. Herrlicher grauer Tag; Weib auf dem Acker, gegen die Luft – Millet. Bleiben auf der Brücke, die dort über den Kanal führt, stehen, nach allen Seiten die köstlichsten Bilder.
Wie wäre es, wenn wir überhaupt hier blieben …
Wir werden Feuer und Flamme, fort mit den Akademien, nieder mit den Professoren und Lehrern, die Natur ist unsere Lehrerin, und danach müssen wir handeln.«

Otto Modersohns Tagebuch, 1889

Die jungen Begründer der Worpsweder Malerkolonie erregten mit einer Ausstellung im Münchner Glaspalast Aufsehen. Der bayerische Staat kaufte für 1.200 Mark Otto Modersohns »Sturm im Teufelsmoor«, das 1938 ausgeliehen wurde und während des Krieges verschollen war.

Auch das Geschäft STIESING *wurde mit dem Verkauf von Krawatten groß*

Die Zeit
Kaiser Wilhelms II.

Der Nord-Ostsee-Kanal wurde eröffnet und in Berlin die Kaiser-Wilhelm-Gedächtniskirche eingeweiht. Der deutsche Kaiser Wilhelm II. stand im siebten Jahr seiner Regierung und verblüffte die Welt mit seiner Sprunghaftigkeit und mit seiner Redseligkeit bei passenden und unpassenden Gelegenheiten.

Am 8. März traf der Kaiser in Bremerhaven ein, wo er sich von Oberbaudirektor Ludwig Franzius die Erweiterungen des Kaiserhafens zeigen ließ, mit »rüstigen energischen Schritten« eine Strecke auf dem neuen Weserdeich zurücklegte, um die Steine, die am schwersten dem Dezembersturm ausgesetzt waren, »in Augenschein zu nehmen«, und einen – wie die Bremen Nachrichten berichteten – mit Orden dekorierten Bauwärter »huldvollst« anredete und ihn fragte, bei welchem Truppenteil er gedient habe.

Im Juni brachten die Lloyddampfer »Kaiser Wilhelm II.« und »Trave« die Mitglieder des Reichstages nach Bremerhaven. Von dort ging die Reise nach Bremen, wo eine Korsofahrt stattfand und ein Fest im Ratskeller ausgerichtet wurde.

Der Bau des Kaiserdocks in Bremerhaven, um 1897

BVTEN VN BINNEN AD WAGEN VN WINNEN 1899

Die Arbeiten an der Fassade des Schüttings zu Bremen begannen. Das Haus der Kaufleute sollte ein Portal erhalten – bekrönt mit dem Spruch »Buten un binnen / Wagen un winnen«. Der Schriftsteller und Bürgermeister Otto Gildemeister hatte ihn entworfen. Am 30. September wurde das Gerichtsgebäude eingeweiht.

Der Schotten stolzes Herz schlug nirgendwo
so edel wie im historischen Grenzland, "den Borders".

Was sie ererbt von ihren Ahnen, selbstbewußt pflegten
sie es. Traditionsbewußtsein und Liebe zum Handwerk
prägen noch heute ihren Charakter.

Kein Wunder, daß feinste Strickwaren aus
diesem schönen Teil Schottlands weltweit
für erste Qualität stehen.

Peter Scott
SCOTTISH 1878 KNITWEAR

Das Leben in Bremen

Die Bremer Nachrichten berichteten: »Ein Wursthändler pries seine Ware auf der Kaiserbrücke einem Arbeiter in so aufdringlicher Weise an, daß der letztere sich nicht anders helfen konnte, als den Aufdringlichen von sich zu stoßen, der dabei ins Stolpern kam und sich neben seinen Wurstkessel aufs Straßenpflaster legte, zum Ergötzen der zahlreichen Passanten.«

Mehr als 1.000 Einwohner der Freien Hansestadt Bremen hatten ein Jahreseinkommen von über 12.000 Mark, was damals viel Geld war. Arbeiter und Handwerker brachten es auf 1.000 Mark im Jahr, so daß ihre Frauen mitverdienen mußten. Die Frauen brachten im Schnitt etwa 600 Mark im Jahr nach Hause. Allein für die Miete mußten jährlich 150 Mark gezahlt werden.

Die Philharmonische Gesellschaft wurde gegründet und die Große Weserbrücke neu errichtet. Der Bremer Vulkan verlegte seinen Betrieb auf das Gelände der alten Ulrichsschen Werft im Vegesacker Fährgrund, während im Vegesacker Hafen die ersten Schiffe der Heringsfischerei festmachten.

Jeden Mittag kurz vor eins wartete Heini Holtenbeen auf die zur Börse eilenden Kaufleute, die sich – weil sie in der Börse nicht rauchen durften – bei der Zigarrenablage rasch von ihrer »Schwarzen« trennten, die Heini dann weiterrauchte oder sie für einen späteren Gebrauch in die Tasche steckte.

Ein Kellner aus Oldenburg, der nachts um 6 Uhr in der Kaiserstraße zu Bremen zum Steinerweichen auf einer Mundharmonika spielte, wurde durch einen Schutzmann zur Ruhe verwiesen. Aber statt nun ruhig zu sein, wurde er frech und beleidigte den Beamten. In der Straße Vor dem Steintor wurde ein Sack gebrannter Kaffee gestohlen. Abends am 23. November fand das 15. Stiftungsfest der Krieger-Kameradschaft mit einem Konzert, Vorträgen, Theater, Preisschießen und Ball statt. Fremdenkarten einschließlich Damenkarte 60 Pfennig, einzelne Damen 30 Pfennig, Mitglieder und andere Kameraden 30 Pfennig.

Am 23. November 1895 wurde das »Special-Geschäft für Herrenwäsche, Handschuhe und Cravatten« HERM. STIESING in der Sögestraße 43 eröffnet.

Markt mit Neuer Börse, Baumwollbörse und Schütting

E. Schlotte, Obernstraße 41/42

Geschäfts-Eröffnung.

Am heutigen Tage eröffne

Sögestraße 43

(nahe der Obernstraße)

ein

Special-Geschäft

für

Herrenwäsche, Handschuhe, Cravatten

Sämmtliche Special-Artikel sind bei mir in reichhaltiger Auswahl und jeder Preislage zu haben.

Bei Bedarf halte mich bestens empfohlen.

Bremen, 23. Nov. 1895. Hochachtungsvoll

Herm. Stiesing.

Damenmäntel unter Preis.

Ich hatte Gelegenheit einen großen Posten **Wintermäntel**, besonders **Capes**, **Golfcapes** und **Kragen** ganz unter Preis einzukaufen und empfehle dieselben fast für die Hälfte des eigentlichen Werthes zu

6½ Mk., 6 Mk., 8 Mk., 10 Mk., 12 Mk. bis 29 Mk.

Jackets und **Abendmäntel** ebenfalls extra billig [112706

Otto Bergmeier,
Nordstr. 15.

Auer'sches Gasglühlicht.

Wir theilen hierdurch mit, daß wir uns entschlossen haben, für unsere Apparate eine

Preisermässigung

eintreten zu lassen. Von heute ab beträgt der

Preis des completen

Brenners (Apparat mit Glüh...) Mk. 5

BY APPOINTMENT TO
HER MAJESTY THE QUEEN
WEATHERPROOFERS
BURBERRYS LIMITED
HAYMARKET LONDON
BY APPOINTMENT TO
H.R.H. THE PRINCE OF WALES
OUTFITTERS
BURBERRYS LIMITED
HAYMARKET LONDON
PRORSUM
Burberrys
OF LONDON ®
© 1995 BURBERRYS LIMITED

Familiengeschichte

1895 – 1995

Der Weg des Hermann Stiesing

Eines mochte Hermann Stiesing überhaupt nicht: wenn seine Mutter anfing, über seinen künftigen Beruf zu sprechen. Und Frau Stiesing, eine geborene Müller, hatte Gelegenheit genug, sich mit ihrem Sohn über seine Zukunft zu unterhalten.

Zum Beispiel nachts. Frau Stiesing war Witwe. Ihr Mann war Lehrer und Organist in Ritterhude und Sottrum gewesen und sehr früh gestorben. Um ihre Familie ernähren zu können, hütete sie fremder Leute Kinder – Babysitter, sagt man heute dazu. Es kam häufig vor, daß die großen Bauern in Sottrum abends eingeladen waren – Frau Stiesing kam sofort, wenn man sie bat, auf die Kinder zu achten. Oft hatte sie dadurch abends sehr spät Feierabend. Dann holte ihr Ältester, Hermann, sie ab, damit sie nicht allein durch die Nacht gehen mußte. Und fast jedesmal brachte Frau Stiesing das Gespräch auf ihr Lieblingsthema: »Auch dein Vater hätte dich sicherlich gern auf einer Kanzel gesehen.« Hermann Stiesing sollte nach den Vorstellungen seiner Mutter Pastor werden.

Der junge Hermann Stiesing

Ein Pastor war mehr als nur ein Lehrer und Organist. Ein Pastor war Anfang der achtziger Jahre des 19. Jahrhunderts für die vom Leben gebeutelte Frau und Mutter eigentlich das Höchste, was sie sich für ihren Sohn vorstellen konnte. Was hätte ein begabter Junge vom Land sonst werden sollen?

Hermann Stiesing, der im Jahre 1870 geboren worden war, ließ die Zukunftsträume seiner Mutter zunächst über sich ergehen. Aber es gab da zwei Onkel, Brüder seiner Mutter. Sie setzten ihm einen anderen Floh ins Ohr: »Junge, du solltest nicht Pastor werden. Das paßt nicht zu dir. Komm zu uns in die Stadt, werde Kaufmann. Als Kaufmann steht dir die Welt offen.« Die Gebrüder Müller handelten mit Tuchen. Sie hatten ihr Geschäft am Domshof in Bremen.

»Komm zu uns in die Stadt, werde Kaufmann. Als Kaufmann steht dir die Welt offen.«

Bremen am Puls der Zeit

Der Domshof lag damals am Puls der Zeit. Das Stadthaus stand dort, wo sich heute das Neue Rathaus befindet, das »Museum«, ein Clubhaus für höhere Stände mit seiner reich ausgestatteten Bibliothek und einem Lesezimmer (Einführung Fremder durch Mitglieder gestattet), das Bankgebäude der Herren Bernhd. Loose & Co., der private »Rutenhof«, dessen innerer Lichthof mit sehenswerten Malereien des Malers und Dichters Arthur Fitger geschmückt war, die imposante Bremer Lebensversicherungs-Bank und das erstklassige »Hotel zur Stadt Frankfurt«, in dem schon der Dichter Wilhelm Hauff und der Geiger Niccolò Paganini gewohnt hatten.

Blick vom Dom auf den Marktplatz

Die Welt steht dir offen!

Die Welt steht dir offen! Dieser Satz, so mag es gewesen sein, setzte sich im Kopfe von Hermann Stiesing fest. Das muß man auch verstehen. Der Junge war keineswegs auf Rosen gebettet. Noch viele Jahre später erzählte er seiner Enkelin, Anne Hesterberg, daß er für einen Schafhirten in Sottrum über viele Kilometer gelaufen sei, um für ihn eine Flasche Brause zu holen. Als Lohn habe er dafür eine halbe Flasche Brause bekommen.

Hermann Stiesing lernte Tuchhandel im Geschäft der Gebrüder Müller (Lager von feinen deutschen und englischen Stoffen), und er kam auf den Geschmack. Nicht nur, weil ihm der Kaufmannsberuf gefiel, sondern weil er auch sehr schnell in Bremen heimisch wurde. Bremen war mit fast 200 000 Einwohnern eine große Stadt. Aber Bremen hatte auch sehr viele Grünanlagen. Und das war wichtig für den jungen Mann, der sich nur schwer vom Dorf und von der Natur getrennt hatte. Oft streifte er durch die Wallanlagen oder durch den Bürgerpark, wo ihn bald alle Eichhörnchen kannten, und wo seit 1889 ein Aussichtsturm stand, von dem aus er bis in seine alte Heimat, bis nach Ritterhude, gucken konnte. Sottrum war zu weit weg.

Die Meierei im Bürgerpark, errichtet im Jahre 1900

Die Selbständigkeit

Hermann Stiesing im Alter von 25 Jahren

Hermann Stiesing war 25 Jahre alt, als er den Schritt in die Selbständigkeit wagte und ein Geschäft in Bremen eröffnete – mit Hilfe der Mutter, deren Enttäuschung darüber, daß er nicht Pastor geworden, längst einem gewissen Stolz gewichen war: Ihr Junge hatte beruflichen Erfolg. Was er in die Hand nahm, ging zu seinem Vorteil aus. Ihre Brüder waren voll des Lobes. Auch äußerlich hatte sich der Dorfjunge verändert. Er kleidete sich sorgfältig und mit Geschmack.

Als er seiner Mutter erzählte, daß er sich selbständig machen wollte, griff sie in ihre Schatulle und legte ihm 3.000 Mark auf den Tisch – als Startkapital. 3.000 Mark, das war damals ein Vermögen.

Bereits ein Jahr später konnte er das Geld zurückgeben. Und das, obwohl die Konkurrenz hellwach war. C. W. Meier in der Obernstraße pries seine maßgeschneiderte Herrenwäsche an. Herm. v. d. Emde in der Sögestraße hielt Handschuhe in »extra Größen, Farben und Längen« und die neuesten »Cravatten« auf Lager und lockte mit einer reichen Auswahl von »Gegenständen mit Ansichten zum Andenken an Bremen«. Auch Chr. Waldmann am Kaiser-Wilhelm-Platz (beim Ratskeller) handelte mit einer großen Auswahl an »Handschuhen, Schlipsen und Cravatten«.

Herm. v. d. Emde
Sögestrasse No. 3, Ecke von U. L. F. Kirchho
empfiehlt in grosser Auswahl:
Herren- Damen- Kinder- Handschuhe
aus Glacé-, Suede- u. Wildleder, Seide, Zwirn u. Wolle etc
Extra Grössen, Farben, Längen etc.
werden nach Angabe schnellstens angefertigt.
Stets Neuheiten in Herren-Cravatten.
Ferner halte reiche Auswahl von
Gegenständen mit Ansichten
zum Andenken an Bremen.

BEGEGNUNGEN IN WINDSOR. Die Amerikanerin Amanda Miller, ehemalige Tänzerin und Choreographin des Frankfurter Balletts, hat inzwischen ihre eigene Kompanie „Pretty Ugly" gegründet. Ihre Stücke folgen den Gesetzmäßigkeiten des Unerwarteten. Jede Bewegung, auch die ganz alltägliche, findet Einzug in den Tanz, der stets von Utopien handelt: So etwa könnte es sein, wenn es werden würde, was es ist. Pretty.Ugly.

Windsor
FINE CLOTHING

Bremen floriert ...

Es war allerdings auch eine gute Zeit. Mittelstand und Oberschicht hatten Geld. Der Norddeutsche Lloyd florierte und teilte sich mit der Hamburger Hapag die subventionierten Reichspostdampferlinien. Lloyddampfer »Königin Luise«, »Kaiser Wilhelm der Große« (der dicke Willem), »Großer Kurfürst«, »Kronprinz Wilhelm« und »Kaiser Wilhelm II.« waren nicht nur der Stolz Bremens, sondern der ganzen Nation. Die Getreideverkehrsanlage im Hafen wurde gebaut, und damit war Bremen Kornimportstadt. Der Grundstein für den Überseehafen wurde gelegt. Industrie kam nach Bremen.

Am Horizont zeichneten sich die großen Kaffeeröstereien ab – Ludwig Roselius, der Kaffee-Hag-Erfinder und der Schöpfer der Böttcherstraße, und Johann Jacobs, der sich ebenfalls 1895 mit einem Kaffee- und Teeladen am Domshof selbständig gemacht hatte. Es sollte noch ein paar Jahre dauern, bis er von einem der führenden Bremer Kaffeegeschäfte zum weithin bekannten Kaffeeröster wurde. Schon damals aber mag er sich mit Hermann Stiesing – beide waren fast gleichaltrig und kamen vom Land, Jacobs stammte aus einer Borgfelder Bauernfamilie – über die Sorgen und Freuden eines jungen Geschäftsinhabers unterhalten haben.

Später, in den dreißiger Jahren, wohnten STIESING und Jacobs in enger Nachbarschaft in Schwachhausen und gingen morgens zusammen durch den Bürgerpark ins Kontor beziehungsweise ins Geschäft. Aber bis dahin war es noch ein weiter Weg.

Die alte norddeutsche »Europa« der Lloyd – erste Jungfernfahrt 1929 – nach dem 2. Weltkrieg Eigentum Frankreichs unter dem Namen »Liberté«

Die »Bremen« bei ihrer Ankunft in New York im Juli 1929

Design-Poster des Norddeutschen Lloyd, Symbol für die Kraft und Geschwindigkeit deutscher Dampfer

... und STIESING auch

Henny Stiesing (geb. Burmester)

Zunächst kam das Jahr 1899. Vier Jahre nachdem sich Hermann Stiesing selbständig gemacht hatte, kam eine Frau ins Haus. Hermann Stiesing heiratete Henny Burmester, eine energische junge Dame, die aus der Textilbranche kam. Zusammen mit ihrer Schwester Emma unterstützte sie ihren Mann, der die Hilfe gut gebrauchen konnte. Denn das Geschäft florierte.

Hermann Stiesing und die Frauen: Seine Mutter schuf die finanzielle Voraussetzung für das Geschäft. Seine Frau und deren Schwester halfen mit, daß es weiter aufwärts ging.

Die Jahre vor dem Ersten Weltkrieg

Hermann Stiesing, mittlerweile dreißig Jahre alt, konnte sich an keinen Krieg erinnern. Er war gerade geboren worden, als die große Auseinandersetzung zwischen den beiden Kontinentalmächten Frankreich und Deutschland in den Jahren 1870/71 Europa erschütterten. Seitdem herrschte Frieden.

Das 20. Jahrhundert war angebrochen. Ferdinand Graf von Zeppelin unternahm seinen ersten Flug mit einem starren Luftschiff. Max Planck begründete die Quantenphysik der Atome, indem er das elementare Wirkungsquantum entdeckte. Thomas Mann schrieb seinen Familienroman »Die Buddenbrooks«, der ihm zu einem Gemälde hanseatischer Lebensart im 19. Jahrhundert geriet.

Kaiser Wilhelm II. hielt vor der Lloydhalle in Bremerhaven vor deutschen Soldaten, die zum Boxeraufstand nach China eingeschifft werden sollten, seine berüchtigte und noch heute unvergessene »Hunnen-Rede«:

»Wie vor 1.000 Jahren die Hunnen unter ihrem König Etzel sich einen Namen gemacht … so möge der Name Deutscher in China auf 1.000 Jahre durch euch in einer Weise bestätigt werden, daß niemals wieder ein Chinese es wagt, einen Deutschen auch nur scheel anzusehen.«

Kaiser Wilhelm II. vor dem Rathaus am 5. 3. 1913

Das Zeitalter der Warenhäuser

In Bremer Kaufmannskreisen rumorte es; denn der traditionelle Einzelhandel bekam Konkurrenz: die Warenhäuser. Doch Hermann Stiesing vergrößerte sich. Er verließ das Haus Sögestraße 43, in dem er sich zunächst eingerichtet hatte, gute Nachbarschaft mit einem Fotografen haltend, dessen Geschäft »Tip-Top« hieß und abgerissen werden sollte, um einem Kaufhaus Platz zu machen. STIESING und der Fotograf mußten ausziehen. Das Kaufhaus hieß KARSTADT.

Hermann Stiesing, dessen Familie seit der Geburt von Walter Stiesing im Jahre 1901 aus drei Personen bestand, bezog zunächst das Haus Ecke Sögestraße/ Katharinenklosterhof, in dem sich später Hinrichs & Bollweg etablierten. Kurz darauf wurde ihm das Haus gegenüber, das Haus Sögestraße 35, zum Kauf angeboten. Stiesing griff zu. Er erkannte und sagte es auch zu Beginn des Ersten Weltkrieges seiner Frau, als er Soldat wurde, daß man von einem Haus in der Sögestraße im Notfall leben konnte.

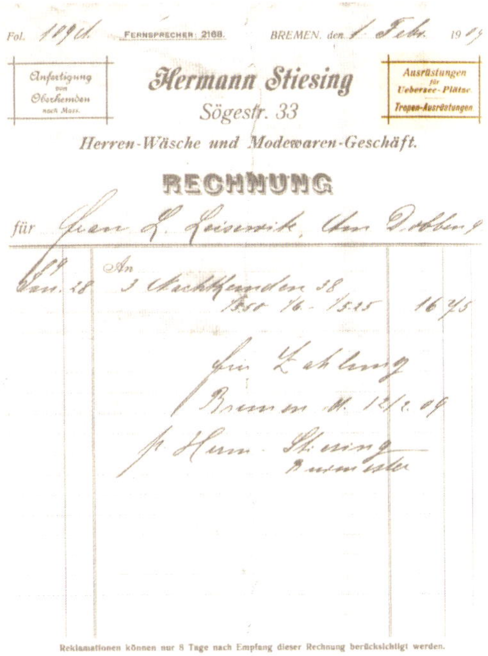

Fol. FERNSPRECHER: 2168. BREMEN, den

Anfertigung von Oberhemden nach Mass.

Hermann Stiesing

Sögestr. 33

Ausrüstungen für Uebersee-Plätze Tropen-Ausrüstungen

Herren-Wäsche und Modewaren-Geschäft.

RECHNUNG

für

Reklamationen können nur 8 Tage nach Empfang dieser Rechnung berücksichtigt werden.

STIESING-Geschäftshaus im Jahre 1919

STIESING vergrößert sich

Außerdem kam ihm das Haus gerade recht. Hermann Stiesing brauchte Platz, ein größeres Geschäft. Die Zahl der Kunden war kontinuierlich gewachsen, Kunden übrigens, die Hermann Stiesing aus seiner Zeit als Lehrling am Domshof kannte. Damals sah er sie – würdevolle Herren – ins »Museum« gehen, in den Club für »höhere Stände«. Jetzt kamen sie zu ihm und ließen sich in Modefragen beraten.

STIESING brauchte Platz, weil er inzwischen sein Geschäft ausgeweitet hatte: Bremer, die damals mit einem Lloyddampfer in die Kolonien fuhren, statteten sich bei ihm nicht nur mit Unterwäsche, Handschuhen und Krawatten, sondern auch mit der entsprechenden Tropenwäsche aus.

Die Begegnung mit Else Reich

Ein Kunde, den Hermann Stiesing besonders gern leiden mochte, war der Privatier Reich, der am Wall wohnte, gleich gegenüber vom Theater, dort, wo sich heute die Buchhandlung Leuwer befindet. Reich hatte bis vor einigen Jahren ausländische Herrenschneider beschäftigt. Seine Geschäfte waren sehr gut gegangen. Er hatte genug verdient, lebte nun von seinen Zinsen und konnte sich seiner Liebhaberei widmen, der Vogelkunde.

Reich kaufte nicht nur seine Krawatten bei STIESING, sondern ihm gefiel auch der Dompfaff, den STIESING hinten in seinem Laden hielt. Der Vogel war sehr zutraulich und beherrschte einige Melodien, die ihm Hermann Stiesing beigebracht hatte. Viele Kunden kamen wegen des Dompfaffs und freuten sich über seine Flötenkonzerte. Reich allerdings kam, um mit dem Vogelliebhaber STIESING über Vögel allgemein zu »schnacken«. Dabei kam es heraus, daß er wohl der erste war, der den Gesang von Kanarienvögeln, den sogenannten Harzer Rollern, auf Schallplatten der Berliner Grammophongesellschaft aufgenommen hatte, was wiederum Hermann Stiesing interessierte.

Irgendwann brachte Herr Reich seine kleine Tochter Else mit ins Geschäft, weil sie mit ihm die Freude an dem Dompfaff teilen sollte. Else, die am Wall – mitten in der Natur – groß wurde, erinnert sich, daß sie, die sehr wild war, vor Herrn Stiesing stets einen braven Knicks machte und sagte: »Guten Tag, Herr Stiesing.« Und Herr Stiesing sagte jedesmal wieder: »Mein Deern, werd' bloß keine Lehrerin!«

Else ist dann auch wirklich keine Lehrerin geworden, sondern die Schwiegertochter von Herrn Stiesing.

Nach 25 Jahren – und die Jahre danach

Der Erste Weltkrieg war vorüber. Die Menschen versuchten, sich auf den Frieden einzurichten, der unruhig genug wurde: Rote Fahnen am Rathaus, Bremen eine Räterepublik, die von den

Hermann, Walter (in Stadtwehruniform) und Henny Stiesing

Bremern gefeierte Rückkehr des 1. Hanseatischen Infanterieregiments Nr. 75, wirtschaftliche Schwierigkeiten der Stadt, Kanonen der Division Gerstenberg auf dem Marktplatz, Bremen bekam eine Stadtwehr.

In dieser Stadtwehr waren häufig junge Männer aus gutbürgerlichen Kreisen, die Patrouillengänge machten oder auf Posten standen und die Polizei unterstützten. Mitglieder der Stadtwehr trugen bürgerliche Kleidung und einen Ringkragen mit dem Bremer Wappen.

Henny und Hermann Stiesing

Die Bremer Flotte war zusammengeschmolzen. »Flaggschiff« des Norddeutschen Lloyds war ein 750 BRT großer Tender, die »Grüß Gott«. Alle anderen Schiffe waren an die Siegermächte abgeliefert worden. Auch für Herm. Stiesing waren es keine leichten Jahre. Doch das Geschäft bestand seit 25 Jahren – und es würde weiterbestehen, zumal sich der junge Walter Stiesing entschlossen hatte, die Firma einmal zu übernehmen.

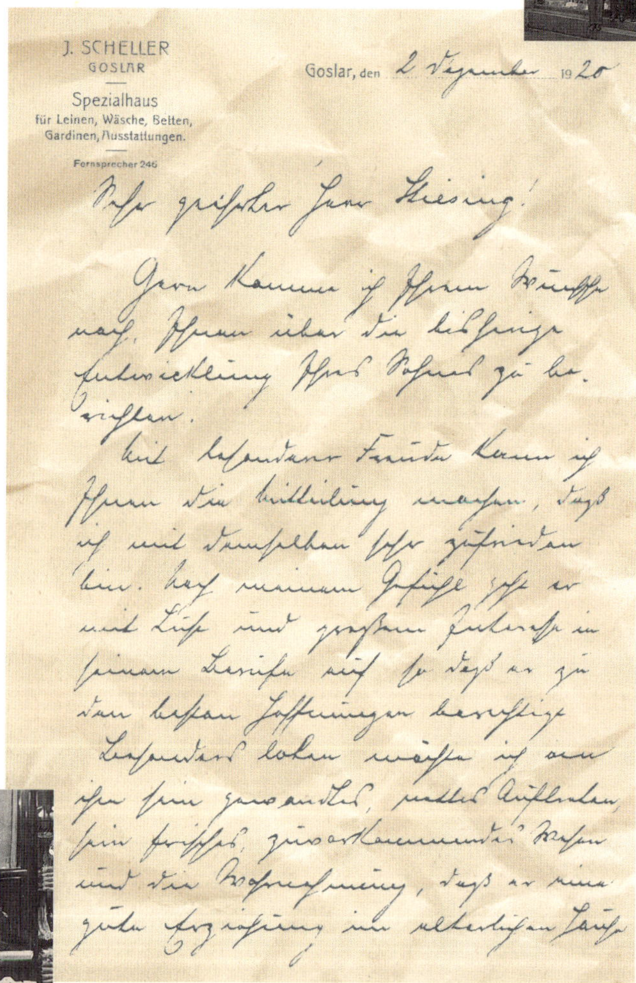

J. SCHELLER
GOSLAR
Spezialhaus
für Leinen, Wäsche, Betten, Gardinen, Ausstattungen.
Fernsprecher 246

Goslar, den 2. Dezember 1920

Sehr geehrter Herr Stiesing!

Gern komme ich Ihrem Wunsche nach, Ihnen über die bisherige Entwicklung Ihres Sohnes zu berichten.

Mit besonderer Freude kann ich Ihnen die Mitteilung machen, daß ich mit demselben sehr zufrieden bin. Nach meinem Gefühl geht er mit Lust und großem Interesse in seinem Berufe auf, so daß er zu den besten Hoffnungen berechtigt.

Besonders loben möchte ich an ihm sein gewandtes, nettes Auftreten, sein frisches, zuvorkommendes Wesen und die Wahrnehmung, daß er eine gute Erziehung im elterlichen Hause

Brief vom Lehrherrn Hermann Stiesing

STIESING-Schaufenster 1927

Die Inflation

Er suchte sich gediegene Häuser aus, um dort zu lernen und sich fortzubilden. Er lernte und arbeitete in Goslar und zeichnete während seiner Freizeit Bremen-Bilder, um sich gegen das Heimweh zu schützen. Er arbeitete in Hamburg – und wurde dort von der Inflation überrascht: Seinen Eltern teilte er mit, daß er »im Club für eine Kartoffelsuppe 2.000 Mark bezahlt« hatte.

Am 15. November 1923 wurde die Rentenmark eingeführt, und ganz langsam ging es mit der deutschen Wirtschaft wieder aufwärts. Walter Stiesing kehrte nach Hause zurück. Im Jahre 1930 gründete er einen eigenen Hausstand. Alt genug war er, und ein passendes Mädchen kannte er auch.

Else Reich und Walter Stiesing hatten sich während eines Spazierganges verlobt, und während sie sich auf dem Heimweg befanden, kamen ihnen am Wall Vater und Mutter Stiesing entgegen. Walter überlegte nicht lange: »Darf ich euch meine Verlobte vorstellen?« Es war eines der wenigen Male, da Hermann Stiesing die Worte fehlten. Denn genau das hatte er sich gewünscht: Else Reich als Schwiegertochter.

Aus dem Terzett wurde ein Quartett, das sich gut zusammenfügte – sogar im Urlaub. Jahrelang waren Henny und Hermann Stiesing getrennt in Urlaub gefahren. Einer mußte ja im Geschäft sein. Jetzt fuhren sie immer noch getrennt, aber nicht mehr allein. Henny nahm ihren Sohn Walter mit nach Bad Wildungen. Hermann fuhr mit seiner Schwiegertochter Else zum Angeln nach Ahausen. Und alle waren zufrieden.

Die Einführung der Shorts

Es muß Anfang der dreißiger Jahre gewesen sein, als Walter Stiesing begann, die Struktur des Geschäftes ein bißchen zu verändern. Er hatte sich in England umgesehen, einerseits der Mode und andererseits der Sprache wegen, und war auf Shorts gestoßen, die 1932 zum ersten Male auf einem englischen Tennisplatz für Furore gesorgt hatten. Kurz darauf wurden sie als kurze Sport- und Freizeithosen für Herren und Damen in englischen Bekleidungsgeschäften angeboten – und da sah sie Walter Stiesing.

Er zögerte, betrachtete die Shorts mit den Augen des Vaters und dachte: In England mag das gehen – die Engländer sind ja, was ihre Kleidung betrifft, geradezu freizügig im Gegensatz zu den »steifen« Bremern. In Bremen könnten Shorts als etwas Unanständiges angesehen werden. Dann aber machte Walter Stiesing die Augen zu und kaufte einen Posten Shorts ein – natürlich ohne seinen Vater zu informieren.

Tennismode *von Burberrys,* *Anfang 19. Jh.*

Nach Bremen zurückgekehrt, gab es ein Donnerwetter, nicht schlimm, aber es donnerte, und Hermann Stiesing sagte zu seinem Sohn: »Die Hosen gehen auf Deine Kappe. Sie sind Dein Risiko.«

Als die Shorts in Bremen eingetroffen waren, lud Walter Stiesing gute Freunde und Bekannte zu einem Sommerfest nach Ahausen ein. Es gab zu essen und zu trinken, man war fröhlich miteinander, und plötzlich – mitten im Wort – meinte Walter Stiesing: »Mein Gott, ist das heiß. Wißt ihr was, ich ziehe meine Hose aus!«

Entsetzen!

Keiner wußte, wo er hingucken sollte. Und dann guckten sie alle Walter Stiesing an, der in kleidsamen Shorts vor ihnen stand.

Am nächsten Tag mußten Shorts in England nachbestellt werden.

»Mein Gott, ist das heiß. Wißt ihr was, ich ziehe meine Hose aus!«

Der Krieg hinterläßt Spuren

Mitte der dreißiger Jahre starben kurz hintereinander Henny und Hermann Stiesing.

Im Sommer 1939 verlebten Else und Walter Stiesing ihre Ferien an der Ostsee. Der Zweite Weltkrieg lag greifbar nahe. Am Tag nach ihrer Heimkehr erhielt Walter Stiesing den Einberufungsbefehl. Er mußte sich beim Flugmelde- und Luftschutzwarndienst in Bremen melden.

Im Jahre 1943 ist Walter Stiesing bei einem Luftangriff auf Bremen gefallen.

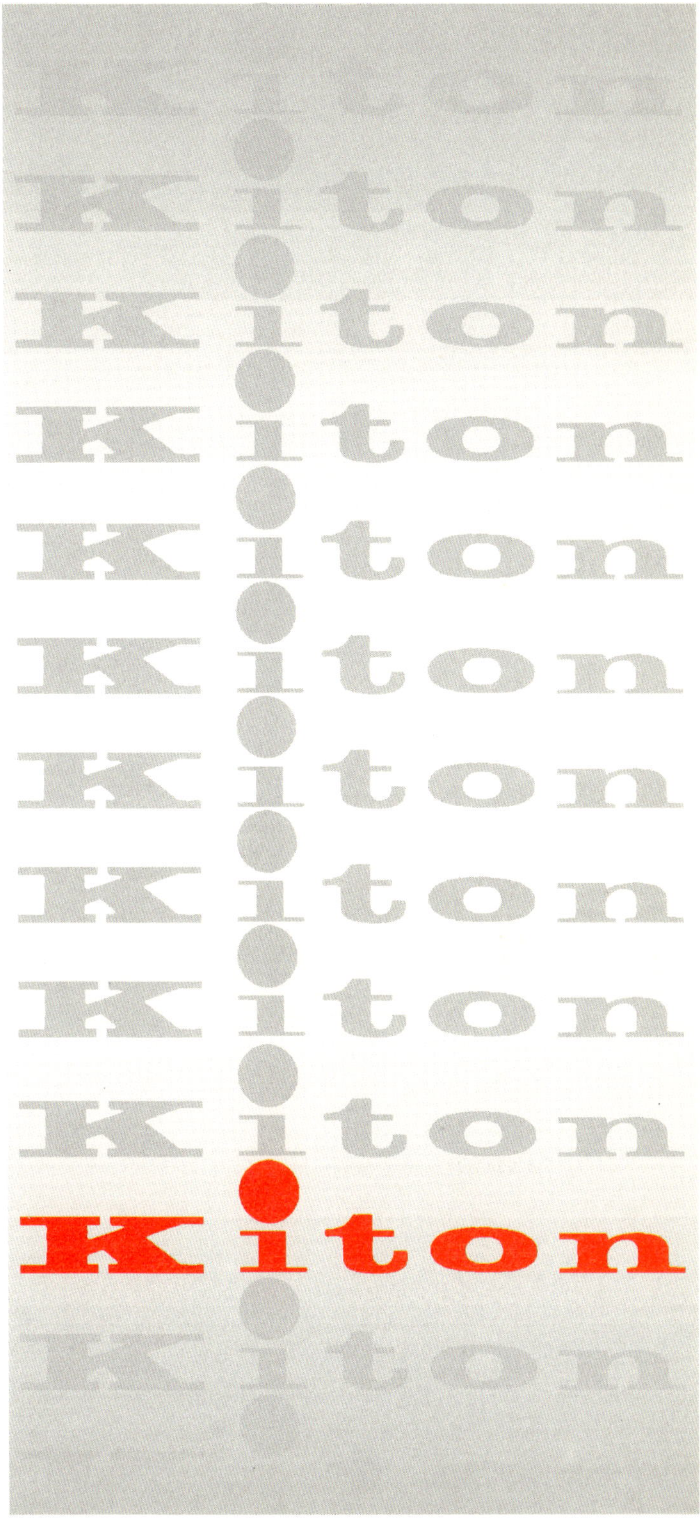

Die Zerstörung der Stadt

Während des Zweiten Weltkrieges wurde Bremen 173mal aus der Luft angegriffen. 42.000 Sprengbomben und ungezählte Brandbomben fielen auf die Stadt, die zu 59 Prozent zerstört wurde. Besonders schlimm erging es der Innenstadt. Fast 65 Prozent der Häuser fielen in Schutt und Asche. 3.850 Menschen verloren bei diesen Angriffen ihr Leben, 1.500 wurden schwer, mehr als 6.000 leicht verletzt.

In der Nacht vom 18. auf dem 19. August 1944 ging der Bremer Westen unter. 50.000 Bremer verloren ihr Heim, mehr als tausend Menschen wurden getötet. Auch in der Sögestraße fielen Bomben. Knapp zwei Monate später, am 6. Oktober, heulten die Sirenen erneut einen Angriff auf Bremen ein.

Diesmal fielen 153 Tonnen Sprengbomben und 735.000 Brandbomben auf die Stadt. 38.000 Bremer wurden obdachlos. Es gab 62 Tote. Zu den Verlusten an Baudenkmälern gehörten die Gröpelinger-, die Hohentors-, St.-Pauli-, Liebfrauen- und Martinikirche, das Gewerbehaus, die Stadtwaage, das Kornhaus, der Schütting, das Staatstheater am Wall und das Staatsarchiv.

Feuersbrunst in der Sögestraße

In dieser Nacht, als der Feuersturm durch die Straßen tobte, als Rettungs- und Löschmannschaften hilflos zusehen mußten, wie der historische Kern der alten Hansestadt Opfer der Barbarei des Krieges wurde, stand auch die Sögestraße in Flammen.

Else Stiesing hockte zusammen mit vielen anderen Bremern im Bunker unter dem Domshof. Es war still, während draußen die Bomben fielen. Einige Frauen versuchten zu beten. Kinder weinten.
Else Stiesing dachte an ihre drei Mädchen, die sie bei ihrer Schwester in Lübbecke untergebracht hatte. Ob sie da sicher waren? Sicher – so dachte sie – war es heutzutage nirgends mehr. Auch nicht in Lübbecke.

Nach der Entwarnung machte sich Else Stiesing auf den Weg in die Sögestraße. Sie kam nicht weit. Sie sah die Liebfrauenkirche brennen, und sie erinnerte sich an die Worte ihres Mannes, der sie vor den Feuerstürmen in den Städten gewarnt hatte. Und sie dachte: »Es wird sowieso nichts mehr zu retten sein.«

In diesen Minuten kämpfte der Bäcker Garde, dessen Haus zerstört war, gegen die Flammen im Hause STIESING, das von einigen Brandbomben getroffen worden war. Bäcker Garde konnte das Haus retten.

Die Jahre nach dem Zweiten Weltkrieg

Herr Reich machte ein bedenkliches Gesicht. »Mädchen, Mädchen«, sagte er, »willst du dir diese Arbeit aufhalsen? Denk an deine Kinder – die brauchen dich!«

Else Stiesing war entschlossen. »Schlimmer kann es nicht mehr kommen«, sagte die junge Witwe zu ihrem Vater. »Dann kann ich auch das Geschäft weiterführen!«

Wieder stand eine Frau zur rechten Zeit für die Firma Herm. Stiesing bereit.

Es waren allerdings harte Jahre, die auf Else Stiesing warteten.

Die Sögestraße war ein Trümmerhaufen. Zu den wenigen Häusern, die noch standen, gehörte das Haus STIESING. Else Stiesing teilte den Platz, der ihr verblieben war, mit befreundeten Firmen. Der Konditor Knigge, Schirm-Büsing, Moden-Röben, der Buchhandel Leuwer und andere mußten sich die Tresen bei STIESING teilen. Es ging eigentlich ganz gut; denn Ware gab es es sowieso nicht. Else Stiesing nahm an der Kasse Platz, rechts in der Ecke. Die Kasse war – wen wundert es? – ziemlich leer. Aber Else Stiesing hatte von dort aus die Übersicht. Den Platz sollte sie erst 1976 räumen.

Anne, Elsemarie und Ute Stiesing

Eine Frau steht ihren Mann

Es begann mit Knöpfen. Die Leute brauchten Knöpfe. Aus alten Kleidern wurden mit Hilfe neuer Knöpfe – neue Kleider. »Danach habe ich jede Ware übernommen, die ich kriegen konnte«, erzählt Else Stiesing.
»Ich habe gekauft und wieder verkauft, und die Gewinne habe ich sofort in neue Ware umgesetzt.« Zum Beispiel Wolle – Wolle von Thomas. Wolle war sehr begehrt.

Nach und nach stellten sich auch die Handelsvertreter wieder ein, darunter solche, die es gut mit der jungen Frau meinten und ihr Ratschläge gaben. »Lassen Sie keine Ware schlecht werden. Verkaufen Sie auch dann, wenn Sie unter Preis abgeben müssen. Aber verkaufen Sie!«

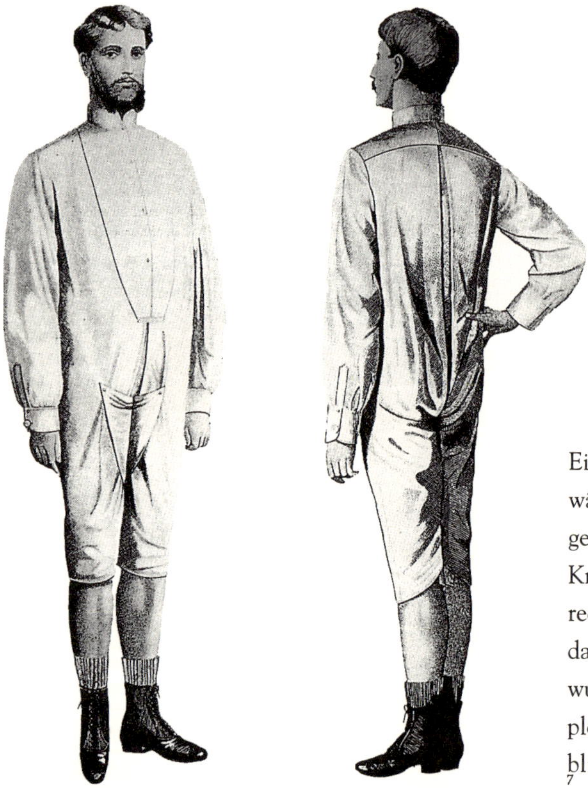

Unterwäsche von Schiesser

Einmal wurde es doch etwas kritisch. Es mag während der Korea- oder während der Suez-Krise gewesen sein. Die Leute »hamsterten« wie in Kriegstagen Unterwäsche wie verrückt. Ausgerechnet Unterwäsche! Else Stiesing stellte sich darauf ein – große Mengen Schiesser-Unterwäsche wurden eingekauft. Dann aber brachte Schiesser plötzlich ganz andere Formen heraus – und »ich blieb auf meiner Unterwäsche sitzen«, erzählt Else Stiesing. Sie hat es gut überstanden.

Gewagte Krawatten

Im Jahre 1952 trat die zwanzigjährige Anne, Elses älteste Tochter, nach ihrer Schulzeit und nach dem Besuch der Textilschule Krefeld in das Geschäft ein. Schon während der Schulzeit hatte sie sich – zum Beispiel – für Krawatten interessiert und sie mit ausgesucht.

»Ich seh' Max Mrozek noch vor mir – mit seiner Warze im Gesicht und dem etwas wackeligen Kopf,« sagt sie. Max Mrozek war ein Handelsvertreter der alten Schule, ein Herr, der immer eine Tageszeitung in der Jacke bei sich trug – und sie auch las. Er kam morgens früh, brachte eine Torte mit und blieb den ganzen Tag. »Hummer, gnädige Frau, davon müssen Sie mindestens ein Dutzend nehmen.« Else Stiesing bestellte ein Dutzend hummerfarbige Krawatten, obwohl sie genau wußte, daß die Bremer Hummer als Krawattenfarbe nicht leiden mochten – aber es ging darum, Herrn Mrozek einen Gefallen zu tun.

Mrozek handelte auch mit Mänteln. Eines Abends bestellte Herr Bank, der »junge Mann« von STIESING, einen Mantel. Mrozek nahm einen kleinen Zettel, schrieb die Bestellung auf und steckte ihn in die Tasche – achtlos, wie es Else Stiesing schien. Sie sagte es ihm auch, und er war ein bißchen beleidigt. »Haben Sie schon mal erlebt, daß Mrozek etwas vergessen hat!«

Am nächsten Morgen war Max Mrozek tot, gestorben im Lloyd-Hotel, wo er immer wohnte. Aber den Mantel haben STIESINGs bekommen.

Wer kann die vielen Binden zählen, und welchen wird der Krösus wählen?

Wie bindet man sich eine Krawatte?

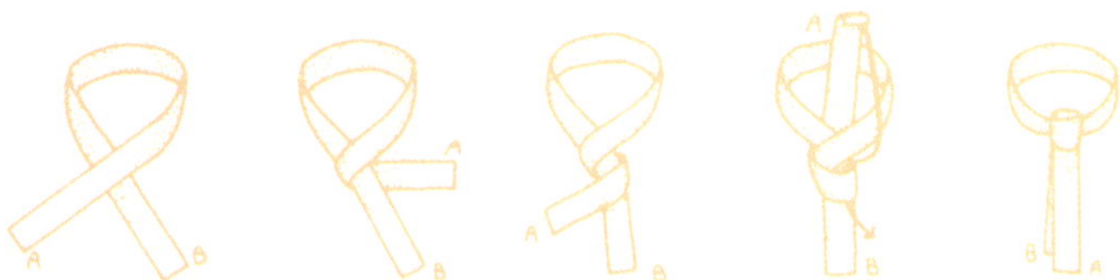

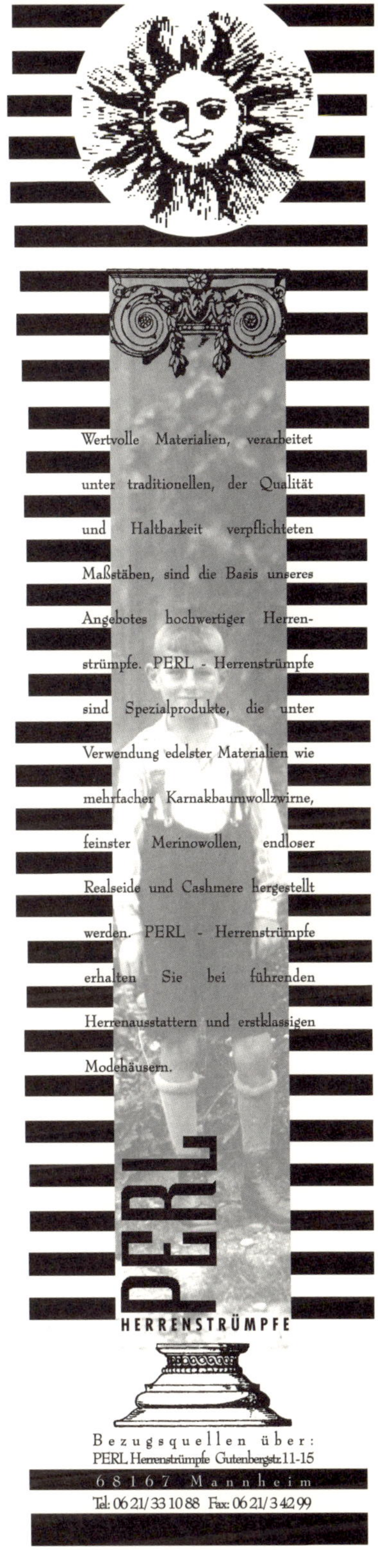

Knopflöcher verraten die Meisterhand

Zwei Ereignisse werden der römischen Schneiderei Brioni unvergessen bleiben: die Herrenmodenschau von 1952 im florentinischen Palazzo Pitti und die Präsentation von 1959 im Londoner Hyde Park Hotel. Mit beiden begründete die Meisterwerkstatt ihren internationalen Ruf.

Im Renaissancepalast der Maria de' Medici lernte die italienische Männerwelt, daß zur eigenen Persönlichkeit die bestmögliche Kleidung gehört; in London wollten die Römer beweisen, welche Varianten es neben der strengkonservativen Herrenkleidung englischer Tradition gäbe. Wie es denn auf der Insel mit »bella figura« sei?

Die Erfolgsgeschichten, wo immer sie sich ereignen, gleichen sich in vielem. Das Leitmotiv ist in allen Fällen, qualitativ besser zu sein als die anderen, gefolgt von dem Gedanken, einem Bedarf, zumal einem anspruchsvollen, in jeder Hinsicht gerecht zu werden.

Bei Brioni gelangen nur Materialien auf den Tisch, die die sorgfältigste Prüfung überstanden haben, z. B. irisches Leinen, italienische Wolle, schottischer Cashmere. Grundsätzlich wird von Hand gearbeitet; allein die Knopflöcher, doppelt genäht, lassen die Meisterhand erkennen. Der Brioni-Stil insgesamt ist körperbetont, schmal in den Schultern und zeitgemäß in den Farben.

Nur 350 Läden weltweit genießen den Vorzug, die Sakkos, Anzüge und Mäntel von Brioni zu offerieren. Oder Maßanzüge in Auftrag zu nehmen. Stiesing schätzt sich glücklich, seit zwei Jahren dem illustren Kreis anzugehören. Wie bei handgefertigten Schuhen das Gespräch mit den Kunden unerläßlich ist, so bedarf auch ein Anzug von Brioni kundiger Hinweise. Neben der äußeren Erscheinung sind es die Details, die Form der Revers, die Taschen, die kaum wahrnehmbaren Nähte, die Brionis Arbeit auszeichnen.

Die Stiesings, die Hesterbergs
und die Mitarbeiter

Mitarbeiter – Begleiter durchs Leben

Beinahe wäre die Begegnung zwischen Hansgeorg Bank und der Firma STIESING über ein Vorstellungsgespräch nicht hinausgekommen.

Hansgeorg Bank, der in Kassel bei einem Herrenausstatter arbeitete – er hatte dort auch gelernt –, wollte etwas Neues kennenlernen und bewarb sich auf eine Anzeige hin bei STIESING.

Es hatten sich wohl mehrere Herren beworben. Else Stiesing jedenfalls entschied sich für einen anderen. Hansgeorg Bank nahm ein Angebot aus Düsseldorf an. Das war im Jahre 1952.

Ein Jahr später trafen sich Else Stiesing und Hansgeorg Bank wieder. Else Stiesing war mit ihrem »jungen Mann« nicht glücklich geworden und Hansgeorg Bank nicht mit Düsseldorf. Hans Mrozek hatte zwischen den beiden vermittelt. Diesmal brauchte es nicht vieler Worte. Im Februar 1953 begann Bank eine 35jährige Mitarbeit bei der Firma HERM. STIESING. Eine der Voraussetzungen: Hansgeorg Bank legte Wert auf die Schreibweise seines Vornamens in einem Wort, Else Stiesing legte ebenso Wert auf die Schreibweise des Firmennamens »HERM. STIESING«. Dem »Herm.« war ein Zeichen des Alters der Firma. Erst nach 1900 mußten Vornamen in Firmennamen ausgeschrieben werden.

Henny, Hermann und Walter Stiesing mit der Belegschaft 1935

Hansgeorg Bank

Es war noch Nachkriegszeit. Zwar war STIESING wieder allein in seinem Haus – Schirm-Büsing war der letzte Untermieter gewesen, aber die Kriegsschäden in der Sögestraße waren noch längst nicht beseitigt. Die Liebfrauenkirche hatte noch keinen neuen Turm. Die Böttcherstraße lag in Trümmern. Die Bremer diskutieren, was mit dem Grundstück der zerstörten Börse am Markt passieren sollte. Später bauten sie dort das Haus der Bürgerschaft.

Hansgeorg Bank hätte sich an solchen Diskussionen nicht beteiligen können, selbst wenn er gewollt hätte. Dazu fehlte ihm die Zeit. Während der Geschäftszeiten mußte er bedienen, mittags und nach Feierabend trug er Ware aus, abends wurde der Laden gesäubert, und danach mußte das Schaufenster dekoriert werden – einmal in der Woche, immer mittwochs. Dann wurde das Schaufenster zugehängt, darauf legte Bank Wert.

Hansgeorg Bank hatte schon in Kassel das Arbeiten gelernt. Er hatte Freude an seinem Beruf. Er war überzeugt von der Ware, die ihm bei STIESING anvertraut wurde: Mäntel, Sportsakkos, Hosen, Maßhemden, Hausmäntel, Krawatten, Strümpfe, Wäsche. Und er liebte den Kontakt mit den Menschen, mit seinen Kunden.

Es mußte nicht immer Prinz Louis Ferdinand von Hohenzollern sein – aber der auch. Prinz Louis Ferdinand trug blaue Krawatten – nur blaue Krawatten. Er ließ sich, wenn es ging, stets von Hansgeorg Bank bedienen. Hansgeorg Bank bediente auch den König von Tonga, der mit einer Polizeieskorte und mit Blaulicht in die Sögestraße kam, um sich bei STIESING ein Paar Socken, Größe 14, zu kaufen.

Einen prominenten Bremer aber hat Bank nie im Laden gesehen: Bürgermeister Wilhelm Kaisen. Denn Wilhelm Kaisen schickte seine Tochter, wenn er neue Kleidung brauchte. Aber er schickte sie nicht zu STIESING. Seine Tochter kaufte dann aber doch bei STIESING – eine Cashmere-Jacke, die er gern trug. Aber niemand durfte dem sparsamen Bürgermeister verraten, was sie gekostet hatte.

Das STIESING-Geschäft in den 50er Jahren

Im Jahre 1959 wurde das wiederaufgebaute Gewerbehaus an die Handwerkskammer übergeben. Die 32.000 BRT große neue »Bremen« vom Norddeutschen Lloyd machte ihre Jungfernfahrt. Der erste Bundespräsident, Theodor Heuss, stattete Bremen seinen Abschiedsbesuch ab. Heuss und Kaisen waren befreundet. Kaisen hielt einen Ochsen, den er »Theodor« rief. Unvergessen ist das Bild eines »Staatsbesuches« des Bundespräsidenten in der Küche von Wilhelm Kaisen, wo Socken wie selbstverständlich zum Trocknen über dem Herd hingen.

Landausflug der Firma STIESING in Goldborn 1959

Im Jahre 1959 begann der zwanzigjährige Adolf Preusse seine Arbeit bei STIESING. Adolf Preusse, der aus Bremen stammt und mit dem sich Else Stiesing plattdeutsch unterhalten konnte, hatte bei Hinrichs & Bollweg, dem Nachbarn von STIESING, gelernt, wollte danach die Welt kennenlernen und kam über einen Umweg, der ihn für ein Jahr nach Buxtehude führte, zu STIESING.

Adolf Preusse

Unvergessen ist das erste Weihnachtsgeschenk, das ihm Else Stiesing Weihnachten 1959 überreichte: ein weißes Hemd für 39 Mark. Preusse: »Das war das teuerste Hemd im Laden!«

Adolf Preusse und Hansgeorg Bank bildeten ein Gespann, auf das sich Else Stiesing verlassen konnte. Bank war der etwas Zurückhaltendere. Preusse ging auf die Leute zu und scheute sich auch nicht, witzige Situationen aufzuspießen.

Er war und ist der Ansprechpartner der jungen Leute. Prinz Louis Ferdinand wandte sich gern an Herrn Bank. Seine Söhne kamen zu Herrn Preusse. Adolf Preusse ist jung geblieben, was allerdings auch wichtig ist. Denn auch die Mode ist heutzutage jung – und wird von älteren Herren gern getragen. Noch ist Blau die Farbe der Bremer, aber schon mischen sich hier und da andere Farben ins Bild. »Manchmal ist es schwer, die richtige Ware einzukaufen«, sagt Preusse. »Denken Sie nur an die Kragenweiten. In einem Jahr wird die Kragenweite 41 bevorzugt, im nächsten Jahr 39, im dritten Jahr 42 – und der Hals ist immer derselbe.«

Als Adolf Preusse vier Jahre bei STIESING war, wurde oben im Haus ein Kind geboren: Harm Hesterberg. Anne Stiesing hatte Gerhard Hesterberg aus Landwedel geheiratet. Die beiden bewohnten die Wohnung über dem Geschäft. So kam es, daß ihr Sohn Harm die ersten Jahre seines Lebens in der Innenstadt verlebte, dort auch die Schule besuchte und Freundschaft mit Adolf Preusse schloß. Inzwischen ist Harm Hesterberg selbst im Geschäft: für Adolf Preusse die dritte Generation, für die er tätig ist.

»Mitarbeiter« waren im übrigen auch die Schwestern von Anne Stiesing. »Immer wenn Not am Mann war, standen Ute und Elsemarie in der Tür«, sagt Anne Stiesing. »Ute eignete sich sehr gut für die Kasse und für den Empfang. Elsemarie war eine leidenschaftliche Verkäuferin mit einem fabelhaften Gedächtnis.« Sie konnte alles behalten – bis auf Namen.

Einmal rühmte sie sich vor einem Kunden ihres Gedächtnisses, gab aber auch ihre Schwäche zu. Der Kunde, ein Geschäftsmann, meinte augenzwinkernd: »Das mit dem Namensgedächtnis kann ich nur bestätigen. Ich werde schon die ganze Zeit von Ihnen mit dem Namen meines Konkurrenten angeredet.«

Die Hesterbergs und Stiesings

Anne Stiesing heiratete im Jahre 1961 Gerhard Hesterberg aus Langwedel.

Irgendwie waren die beiden über »mehrere Ecken« verwandt. Gerhard Hesterberg, geboren 1937, kam aus einer im Jahre 1843 gegründeten Sattlerei und Polsterei in Langwedel. Er sollte und wollte den Betrieb seines Vaters eines Tages übernehmen und bereitete sich darauf vor. Als Gerhard Hesterberg Anne Stiesing heiratete, beschäftigte er sich vorzugsweise mit dem Verkauf von Gardinen. Das Geschäft übrigens lief gut – der junge Hesterberg hatte, das wird heute noch erzählt, das vierte Auto in Langwedel. Und aus dieser erfolgsgewohnten Tätigkeit wurde er wieder – Lehrling.

Er fing nämlich an, sich für »Klamotten« zu interessieren. Statt Fenster zu vermessen und Gardinen aufzustecken, guckte er sich die Menschen an, die zwischen den Gardinen lebten, und schätzte ihre Kleidergrößen. Er besuchte mit dreißig die Textil-Fachschule in Nagold, volontierte in Hamburg, Münster und in Bremen, wo er bei Peek & Cloppenburg die Lehrlingsausbildung übernahm. Im Jahre 1970 kam er zu STIESING – ein etwas temperamentvoller junger Mann, der sich mit einer ebenso temperamentvollen Schwiegermutter zusammenraufen mußte.

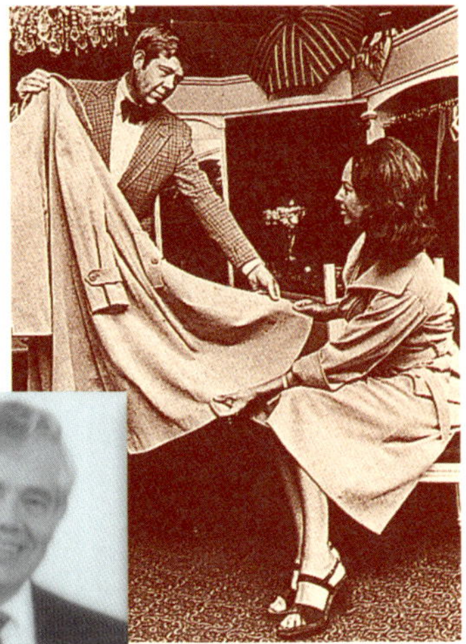

Gerhard Hesterberg

Hesterberg führte bei STIESING die Herrenkonfektion ein – die Zeit der Herrenschneider war vorbei. Nach dem Tode des in Bremen sehr geschätzten Damen- und Herrenausstatters Hans Kalich und nachdem dessen Geschäfte aufgegeben werden mußten, ging er in das Damengeschäft Kalich am Markt, um eine Verkäuferin oder einen Verkäufer zu engagieren – und kam mit einem Damengeschäft nach Hause zurück.

1976 überließ Else Stiesing das Geschäft ihren Kindern, den Hesterbergs, die es 1982 ganz übernahmen. 1983 wurde die »Katharina« eröffnet, mit STIESING JUNIORS – als Trendladen für avantgardistische Mode.

Monika Döllner

STIESING´S Damenabteilung befindet sich heute am Wall, unter der Obhut von Monika Döllner, die aus der Oberpfalz stammt, 25 Jahre im Modehaus Schricker in Amberg gearbeitet hat und dann wegen ihres Mannes, der Fluglotse ist, nach Bremen kam. Ihr Vater sagte damals: »Was willst du in Bremen, da kannst du ja gleich zu den Eskimos ziehen.«

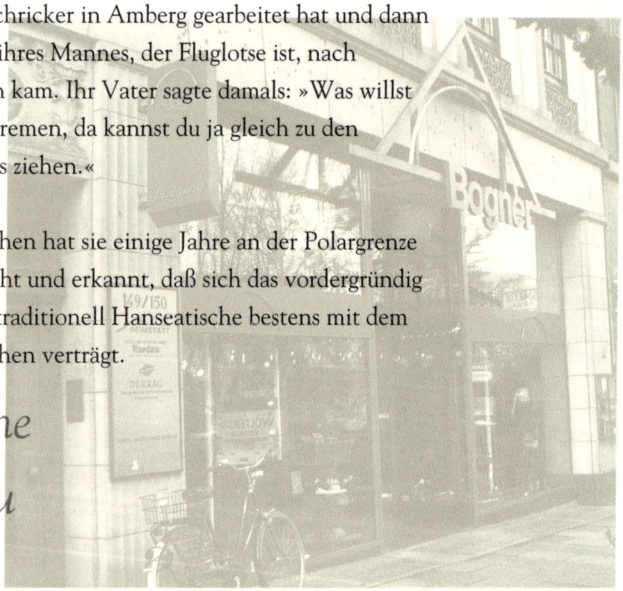

Inzwischen hat sie einige Jahre an der Polargrenze verbracht und erkannt, daß sich das vordergründig kühle, traditionell Hanseatische bestens mit dem Modischen verträgt.

Er ging um eine Verkäuferin zu engagieren und kam mit einem Damengeschäft nach Hause.

Zusammen mit Harm Hesterberg, dem Sohn von Anne und Gerhard Hesterberg, wurde rund um die Kollektion von Bogner, Sonia Bogner, Polo Ralph Lauren, Cerruti, Windsor, Burberry das modische Programm erweitert und verfeinert. Monika Döllner: »Die Bremer Dame legt wert auf modische Eleganz.«

Cord Hesterberg

Harm Hesterberg, der zusammen mit seinem jüngeren Bruder Cord die vierte Stiesing-Generation vertritt, leitet heute vor allem STIESING JUNIORS. Daß er, der gern Bremer ist – vom SV Werder angefangen bis zur bremischen Lebensart (er liebt Bremer Bier und Bordeaux-Weine) – sich für das »richtige Geschäft« entschieden hat, wurde ihm spätestens im baden-württembergischen Hechingen bewußt.

STIESING-Mitarbeiter Sögestraße

Hans-Hermann Beck beim Burberrys-Golf-Cup 1993 im Bremer Hockey Club

Während seines Studiums in Nagold besuchte er mit seinen Kommilitonen die Hohenzollernburg in Hechingen. Im Burghof sahen die jungen Leute ein Automobil mit Bremer Nummer. Harm Hesterberg rief begeistert: »Hier! Ein Wagen aus Bremen!«

STIESING-Mitarbeiter Am Wall

Plötzlich legte sich eine Hand auf seine Schulter, und ein freundlicher Herr sagte: »Wer sind Sie denn, junger Mann?« Harm Hesterberg nannte seinen Namen, und der freundliche Herr sagte: »Ach, Firma STIESING!«

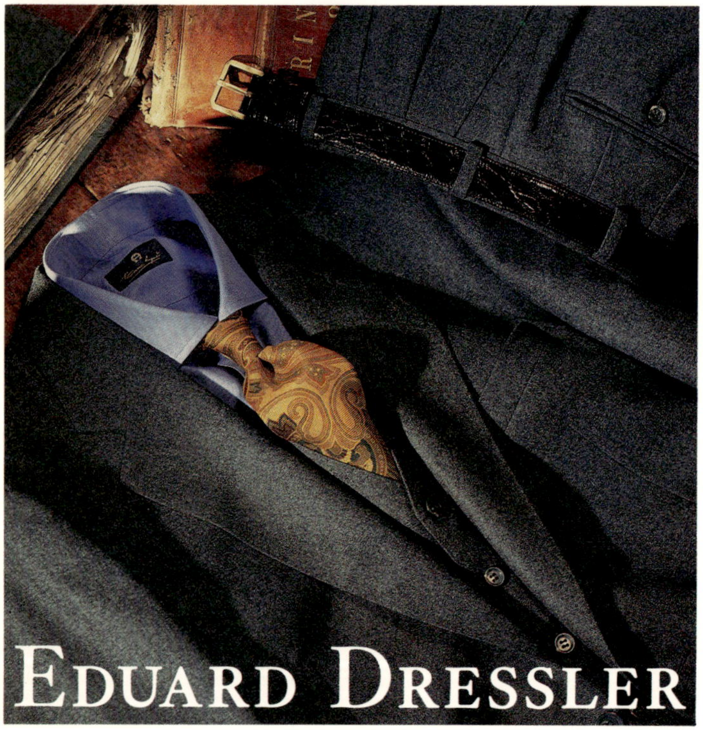

Familie Hesterberg: Gerhard, Harm, Anne und Else

Es war Prinz Louis Ferdinand.

Harm Hesterberg: »Meine Kommilitonen bekamen den Mund nicht wieder zu!«

STIESING-Mitarbeiter Katharinenkloster

Die Sögestraße

Geschichte und Geschichten

Die Sögestraße

Bremens lebhafteste und teuerste Geschäftsstraße war ein Schweinepfad. Zum Leidwesen des Senats jahrein, jahraus mit Kot bekleckert und im Sommer üble Gerüche verbreitend. Kleinbürgerliches Milieu; dort wohnten und arbeiteten Bierbrauer, Bäcker und Gemüsehändler, die für ihre Abfälle sinnvolle Verwertung suchten und sich deshalb Schweine hielten. Morgens wurden die rosigen Viecher übers Herdentor hinaus ins Grüne getrieben und abends heimgeholt in die Koben.

Als Durchgang erfüllte die Sögestraße schon früh ihren Zweck. Da sich Bremen parallel zum Fluß entwickelte, mit der Langen- und Obernstraße als wichtigsten Längsverbindungen, mußte es auch eine Stichstraße geben, am zweckmäßigsten in der Ortsmitte.

Damit ist nicht gesagt, daß dem Schweinepfad bereits eine gewisse Zukunft garantiert war. Es hätte auch alles ganz anders kommen können, wäre die Eisenbahn von Hannover, der erste Schienenstrang nach Bremen überhaupt, woanders verlegt worden.

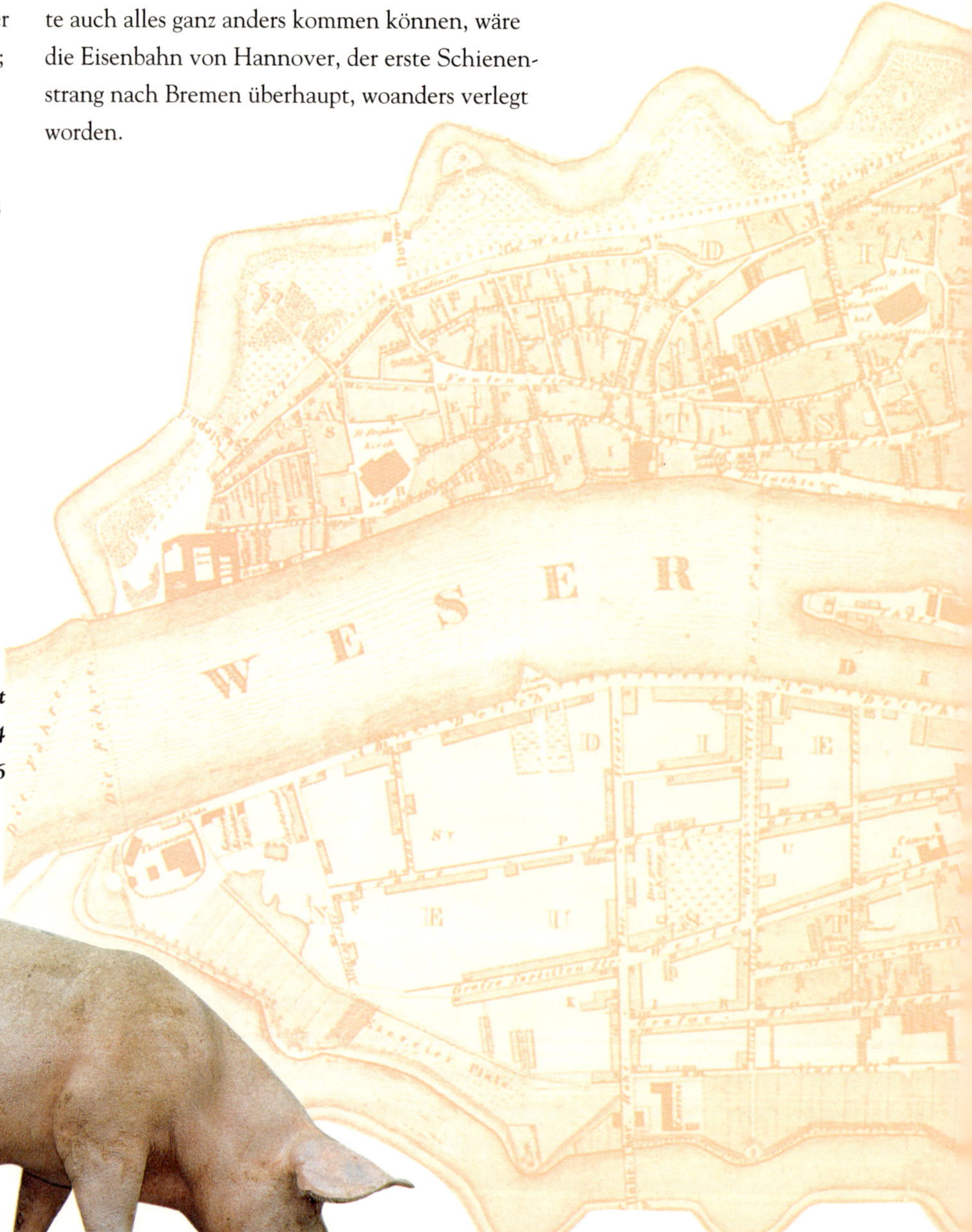

Grundriß der Bremer Innenstadt und der Vorstädte von 1844 mit Einzeichnungen von 1866

Mit dem Bau des Bahnhofs kam die Blütezeit

Zum Vorteil für die Anwohner der Sögestraße, von diesen freilich nicht sofort erfaßt, fiel 1847 die Entscheidung, den Bahnhof just an jener Stelle zu bauen, wo er sich noch immer befindet. Mit ihm war der Weg ins Zentrum fast zwanghaft vorgegeben: Bahnhofstraße, Herdentor, über den Wall und hinein in die Altstadt.

Dies hatte Folgen, und zwar fürs erste, daß die Grundstücke entlang dem Weg an Wert gewannen. Weitsichtige Bürger beeilten sich denn auch mit Neubauten. Fotos und Ansichtskarten bestätigen, wie rasch die Stadt an Eindruck gewonnen hatte. Der Bahnhofsvorplatz weiträumig und mit Blumenbeeten verziert, die Bahnhofstraße ein geschäftiges Entree mit Gasthöfen und Büros und am Herdentor zwei fesche Hotels im Stil der Gründerzeit: der Europäische Hof und Hillmanns.

Aber stadteinwärts blieb noch viel zu tun. Senat und Bürgerschaft waren sich darin einig, daß die Sögestraße aufzuwerten sei. An ihrer Bedeutung für das Ansehen der Stadt ließ sich nicht mehr rütteln. Also fort mit den störenden Erkern im Erdgeschoß und den Kellerhälsen, wo der Torf als Brennstoff abgeladen wurde. Relikte alter Gewohnheiten, gänzlich unpassend in einer Epoche der Verschönerung.

Handwerker und kleine Gewerbetreibende begriffen den Drang in die Moderne; nach und nach gaben sie ihre Häuser preis, verkauften an zahlungskräftige Interessenten. Galt noch in der Bismarckzeit die Obernstraße unbestritten als erste Adresse für guten Einkauf, so entdeckten ambitionierte Kaufleute in den neunziger Jahren, daß die Sögestraße womöglich noch erstrebenswerter sei.

Hermann Stiesing war einer von ihnen. 1895 erwarb er jenes Haus am Durchgang zum ehemaligen Katharinenkloster und wird es nie bereut haben.

Neue Geschäfte

Auswärtigen Besuchern bleibt die Vergangenheit der Sögestraße meist verborgen. Sie erlauben ihren Kindern, die bronzenen Schweine für ein Erinnerungsfoto zu erklettern, und werden, sofern des Plattdeutschen nicht mächtig, kaum die semantische Verwandtschaft von Sögen zu Säuen begreifen. Für sie zählt, daß die verkehrsfreie Passage schnurstracks zum Markt und Roland führt.

Die Sögestraße, vom Herdentor aus gesehen, um das Jahr 1910

Sögestraße/Ecke Pelzerstraße im Jahre 1901

Um die Jahrhundertwende brauchten die Einzelhändler weder Prognosen noch Marktforschung. Sie hatten die Konjunktur auf ihrer Seite. Junge Firmen schossen wie Krokusse im Frühling hervor.

Als Beispiel en miniature konnte sich auch die Sögestraße empfinden; sie war ausgebucht, gedrängt angefüllt mit Läden verschiedenster Art. Noch nicht alle von besonderer Qualität wie in den späteren zwanziger Jahren, aber doch schon imstande, mit der Obernstraße zu konkurrieren.

Bodes empfahl den Feinschmeckern seine Hummer und Karpfen, Dörrbecker und Schad warben mit feinen Papieren um die Gunst des Publikums, Knigge lockte zum Verweilen bei Kaffee und Kuchen, STIESING stattete den Herrn aus und Brinckmann & Lange die Damen mit Schmuck und Juwelen.

In den oberen Etagen wurde kaum noch gewohnt, Büros erbrachten die bessere Miete. Anwälte und einige Ärzte ließen sich nieder, der amerikanische Konsul eröffnete sein Office, an der Ecke zum Schüsselkorb, dereinst ein Mietstall und jetzt viergeschossig bebaut, tagte die Loge Friedrich Wilhelm zur Eintracht.

Die Sögestraße durfte sich als etabliert betrachten. Schon bimmelten die Telefone, schon knatterten die ersten Automobile in der beengten Straße mit ihren schmalen Bürgersteigen. Prompt reagierte die Verwaltung und sperrte die Passage ab der Großen Hundestraße bis zum Ende für jeglichen Verkehr.

»Der Beobachter der Herrenmode«, Juni 1895

Das Astoria

Eine zusätzliche Belebung, ganz unverhofft, erfuhr die Sögestraße, als um 1900 das »Astoria« am Katharinenklosterhof eröffnete. Einen besseren Platz konnten sich die Betreiber nicht erdenken. Noch durften Kutschen und Mietdroschken die Innenstadt befahren und ihre Gäste bis vor die gewünschte Tür bringen.

Aufregend, wie das Programm damals für das noch nicht verwöhnte Publikum gewesen sein mag: Der legendäre Ruf des Amüsierhauses geht unbestritten auf das Jahr 1928 mit der kompletten Modernisierung zurück. Für Furore sorgte der musikalische Import aus Amerika, Jazz genannt, der Walzer wurde verdrängt, man tanzte jetzt Jitterbug und drängte sich zum Drink an die Texas-Bar.

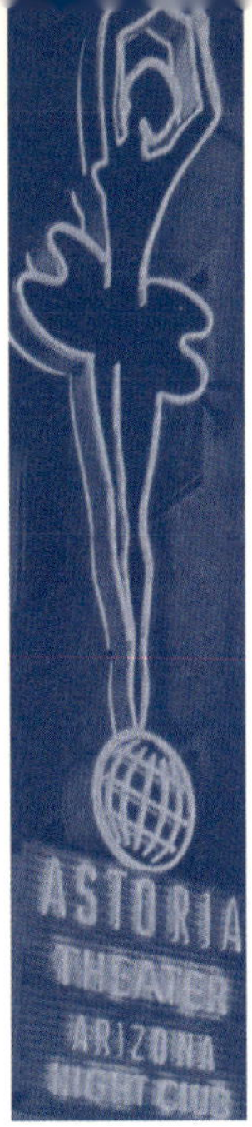

Das »Astoria« bot daheim, was die Wohlhabenden bereits auf den neuen Luxusdampfern des Norddeutschen Lloyd genossen hatten: Kabarett, Kleinkunst, parodierende Conférenciers und große Orchester.

Alles nur noch Erinnerung, verschüttet unter Trümmern? Emil Fritz, schon auf die Siebzig zugehend, schaffte das Wunder: die Wiederkehr seines beliebten Hauses nach der Zerstörung. Neu der halbrunde Theatersaal mit Galerie und breiter Bühne, unvergessen die schummrigen Kellerräume, wo man nach den Vorführungen bis in die Morgenstunden verweilte, flirtete und sich »one for the road« einschenken ließ. Wer damals im europäischen Varieté einen Namen hatte, gastierte dann auch im »Astoria«. Mit süchtigen Augen wurden die Ankündigungen gelesen, die D-Mark war noch hundert Pfennig wert, man bekam was für sein Geld.

Das Astoria im Jahre 1966

Tanzabend im Astoria

Programmheft

Starabend mit der legendären Zarah Leander

Die Fußgängerzone

Amüsieren, gewiß. Aber auch weiterdenken. Unter Bürgermeister Kaisen konnten sich alle verständigen: die Bauverwaltung, Handelskammer und Gewerkschaften. Wünsche wurden vorgetragen und berücksichtigt. Das Wohl der Stadt stand obenan. Als unermüdlicher Streiter für die Belange des Einzelhandels zeigte sich Gerhard Iversen, der die Aufbaugemeinschaft gegründet hatte.

Wilhelm Kaisen

Was ist da nicht alles geschrieben und anvisiert worden. Planer, Architekten und Finanziers, Parteien und Kaufleute meldeten sich zu Wort, allesamt den Belangen der Innenstadt zugetan. Gleichwohl ließen sie ein Gespür für Ausgewogenheit vermissen. Wie weißhaarige Zeitzeugen heute bekennen, ist damals übersehen worden, daß der Vorkriegszustand dem künftigen Bedarf des Einzelhandels nicht genügen würde. Die sogenannten Ia-Lagen hätten erweitert werden müssen.

Angesichts der Ruinen war die Gelegenheit nicht nur günstig, sie war einmalig. Wann immer sich vertraute Ladeninhaber aus Altersgründen oder aus wirtschaftlichen Erwägungen verabschiedeten, rückten auswärtige Großunternehmen mit ihren Filialen nach.

Schönheitsfehler, meinten die Einheimischen, und sahen sich weiterhin als tonangebend. Um dies auch in aller Öffentlichkeit zu verdeutlichen, wurde die Idee der Fußgängerzone wieder ins Leben gerufen. Wie denn die Bauverwaltung dazu stünde, wollte man wissen. Von dort kam ganz überraschend der Vorschlag, einen Architektenwettbewerb auszuschreiben.

Die Kaufleute palaverten nicht lange, sondern sammelten Geld ein. Gerhard Iversen konnte 1969 melden, es seien 52.000 DM gespendet worden. Eine stattliche Summe. Von so viel Eifer stark beeindruckt, legte die Stadt noch 22.000 DM drauf, zweifellos in der Absicht, die vierzehn eingeladenen Architekten anzuspornen.

Im Ergebnis erinnerte dieser Wettbewerb an das berühmte Hornberger Schießen. Viele Lösungen standen zur Debatte, auch solche für eine Überdachung, doch weder die Stadt noch die Anlieger mochten ihnen ohne Wenn und Aber zustimmen. Sie konnten sich allenfalls damit trösten, daß der Wettbewerb bundesweite Aufmerksamkeit erfahren hatte; Planer aus vielen Städten, sogar ausländischen, kamen herbei, erpicht auf die Ergebnisse und zur Freude der Hotels und der Gastronomie.

Wenn schon keine Überdachung, resümierte man in der Baubehörde, dann aber zumindest eine Verkehrsberuhigung. Im Dienst ergraute Beamte erinnerten sich an Absichten, die Sögestraße schon 1928 jedem Verkehr zu verschließen, womit Bremen zum Wegweiser geworden wäre.

Gut Ding will offenbar Weile haben. Erst im Juni 1974, nach aufwendigen Kanalarbeiten und neuer, nicht unbedingt origineller Pflasterung, konnten die Kaufleute zum großen Halali blasen. Endlich hatte die Stadt ihre Fußgängerzone, vom Publikum freudig begrüßt, andernorts eher belächelt. Dort hatte man die Ideen des bremischen Wettbewerbs längst in die Tat umgesetzt.

Also nichts, womit man sich hier schmücken konnte? Doch. Mit dem Hirten und der Schweinegruppe von Peter Lehmann landeten die spendablen Kaufleute einen ungeahnten Treffer, in der Popularität den »Stadtmusikanten« kaum nachstehend. Gleichwohl verlautete aus dem Hause des Senators für Kunst, den bronzenen Tieren könne man nur mit Vorbehalt zustimmen. Seitdem sind zwanzig Jahre vergangen und die Sögen blankgescheuert: Merkmale der Sympathie.

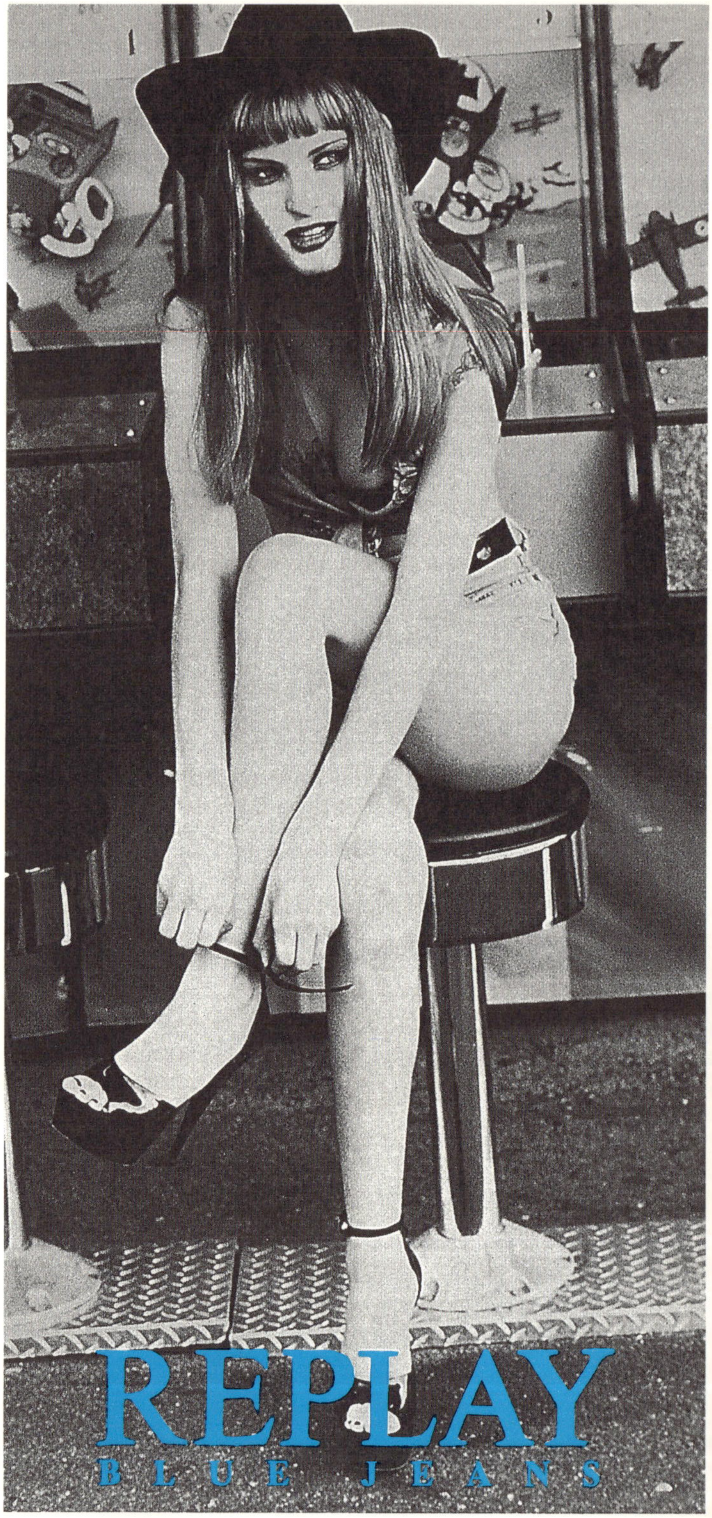

Der englische Stil

Herrenmode hat einen Namen

Flohbraune Anzüge und lila Westen

Um die Mode ranken sich Feuilletons, Histörchen und Anekdoten wie die Blumen und Früchte um jene extravaganten Damenhüte, deren Erscheinen auf den großen Rennplätzen unseres Kontinents allsommerlich die Frage provozieren: What comes next?

Mode, hier ausnahmsweise auf den Herrn bezogen, war schon immer eine Demonstration selbstempfundener Freiheit, auch des Mutes, eigenen Chic zu beweisen. Das Ziertuch in der äußeren Brusttasche, die buntgemusterte Krawatte, der Schalkragen, schräg gestellte Jackettaschen oder Schlitze auf der Rückseite: samt und sonders Details, denen hierzulande vor dem Krieg etwas Unmännliches anhaftete.

So mag es nicht verwundern, daß die für die internationale Herrenmode bedeutsamen dreißiger Jahre in Deutschland ohne Einfluß blieben. Wo Uniformen den Ton angeben, kann selbst der begabteste Modedesigner nicht reüssieren.

Nur in den späten zwanziger Jahren, als die Bitterkeit der Niederlage und Inflation in Vergessenheit geriet, in Berlin und München ein kosmopolitisches Denken und Kleiden en vogue war, konnte sich bemerkbar machen, was jenseits der Grenzen als zeitgemäß galt. Aber hätten selbst damals deutsche Männer gewagt, zum Spaziergang im Tiergarten einen

Bowler zu tragen? Allan Flusser, der New Yorker Modejournalist, verrät in seinem Buch »Clothes and the Man Principles of Fine Men's Dress«, daß auch Amerikaner ihre Mühe hatten, auf guten Stil zu achten. Alles war erlaubt im Land der damals noch unbegrenzten Möglichkeiten. Die Etablierten zeigten sich konservativ-einfallslos, die Aufsteiger und Wichtigtuer kehrten den Dandy heraus. Herrenschneider waren willens, alles anzufertigen, was der Kundschaft beliebte. Flohbraune Stoffe für den Anzug und lilafarbenes Tuch für die Weste. Alles war erlaubt.

Um so überraschender sei der Wandel gewesen, schreibt Flusser. Aber woher kam er und durch wen? Ohne Einschränkung wird er auf einen Mann projiziert, dem weder eine Schneiderlehre noch Kenntnisse im Stoffhandel oder in der Dekorationsbranche nachgesagt werden konnten. Er war nichts anderes als der Prince of Wales, dann kurzweilig Englands König Edward VIII. und nach seiner spektakulären Abdankung der vielreisende, ob seiner Eleganz bewunderte Herzog von Windsor, verheiratet mit einer Amerikanerin.

Wann und wo inmer sich der kaum mittelgroße Adlige im republikanischen Amerika zeigte, er wurde von Kopf bis Fuß fixiert, ein Darling der oberen Zehntausend. Trug er eine Nelke im Knopfloch, nahm die Herrenwelt diese Geste prompt als Pflicht auf. Erschien er zum Pferderennen auf Long Island mit einem Panamahut, den man dort längst unter den Ladenhütern glaubte, entschieden sich im folgenden Jahr ganze Legionen von Besuchern für diese sommerliche Kopfbedeckung. Braune Wildlederschuhe zum Flanellanzug mit Kreidestreifen wären bei aller Unbefangenheit niemandem eingefallen. Der liebenswürdige Engländer trug sie ganz selbstverständlich.

Fred Astaire

Cary Grant

Herzog von Windsor

Amerikanische Textilhersteller lernten schnell und gründlich. Die bekanntesten Herrenausstatter in New York, Boston und Chicago versahen ihre Anzeigen fortan mit dem dezenten Hinweis: »Anzüge, wie der Prinz sie trägt.« Zeitungen und Magazine gierten nach Fotos vom Herzog; nicht ausbleiben konnte, daß auch Hollywood geweckt wurde. Regisseure und Kostümberater registrierten die Begeisterung für guten Stil und erhoben ihre männlichen Stars zu Botschaftern feiner Herrenmode, perfekt ins Bild gebracht von Clark Gable, Fred Astaire, Cary Grant, Gary Cooper und David Niven.

Yves Saint-Laurent bekannte in einem Interview: »In den Jahren von 1930 bis 1936 wurden einige Standards kreiert, die nach wie vor gültig sind als Ausdrucksmittel, mit denen jeder Mann seine Persönlichkeit und seinen Geschmack hervorheben kann.«

Ähnlich den amerikanischen hatten auch deutsche Konfektionäre ihre Lehrzeit. Mit dem Wirtschaftswunder in den fünfziger Jahren verschwanden dann endgültig die langen, breiten Oberhemden mit gesteiften Kragen, von den Franzosen und Italienern lernten sie den guten Sitz der Hosen; das Cordjackett wich dem Blazer englischer Machart.

Allmählich griffen auch Geschäftsleute und Bankvorstände zu modisch geschnittenen Anzügen, jetzt eher in Blau denn Grau, dazu – lange noch – weiße Hemden und gestreifte Krawatten, ergänzt durch schwarze Schuhe der Budapester Art.

So zeigten sich die Väter den Söhnen, jedoch die Söhne blieben nur vorübergehend beeindruckt. Scheinbar so plötzlich wie ein unerwartetes Gewitter begann es in den Familien zu grummeln, eine Dekade der Unruhe hob an, begleitet vom lauten Mißfallen gegen das Establishment. Mode verlor für die jungen Leute jedwede Bedeutung, sie geriet in den Ruch, kapitalistisch zu sein. Man wollte zwar gut verdienen, die Vorteile der sozialen Marktwirtschaft nicht missen, aber proletarisch sein.

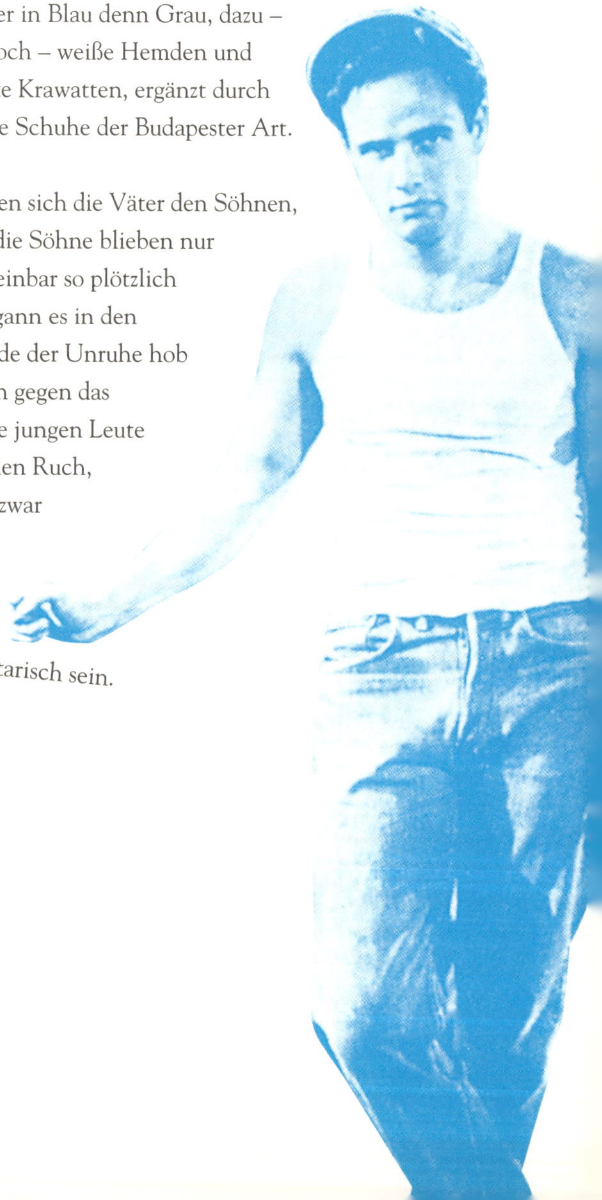

Pullover hatten Hochkonjunktur, mit dem Binder stand man auf Kriegsfuß, die amerikanische Holzfällerhose, Jeans genannt, eroberte sich einen nie vorhersehbaren Anteil am Habitus der Protestler.

Das alles sind längst verhallte Posthornklänge. Zu erinnern ist freilich, daß die späten sechziger und erst recht die siebziger Jahre eine Wende ins Land brachten. Sie kam schleichend daher, ohne jedes Getöse. Gestandene Männer ließen ihren vermeintlichen Anspruch auf Respekt und besseres Wissen fahren und kolportierten die Jugend in dem, was »in« war.

Eine stille Revolution, ein Fressen für die Soziologen. Senioren drängte es, kollegial zu sein, fit und jugendlich zu erscheinen. Also zwängten sie sich in die einst bespöttelten Jeans, sobald diese aus Designerhand stammten, und kombinierten sie – einen gewissen Abstand wahrend – mit Jacketts aus Cashmere.

Wie noch immer in der Geschichte – und allemal in der Mode – ist das Pendel vom Extremen längst auf die einvernehmliche Mitte zurückgefallen. Schon besinnen sich auch junge Leute auf äußere Wirkung; eine legere Seriosität hat sich Geltung verschafft. Flugs folgten Designer der neuen Befindlichkeit, offerierten breitere und attraktiv gemusterte Krawatten. Jacketts zum Kombinieren kommen variantenreicher denn je daher, der korrekte Anzug zu besonderen Gelegenheiten wird ohne Naserümpfen akzeptiert. Guter Stil, fast unbemerkt auf die dreißiger Jahre und einem gewissen Engländer verweisend, ist zurückgekehrt, womöglich begleitet von gutem Benehmen, das mit der Stillosigkeit etwas ausgerastet war.

1903

1913

1923

1933

1943

Les Clefs De Notre Enfance
Ein Hermès-Seidentuch für STIESING

Hermès – das ist einer der großen Namen des Luxus: Taschen, Mode, Schmuck, Uhren, Schuhe, Handschuhe, Krawatten, Silberartikel, Parfum und immer wieder Seiden-Carrés.

Im Jahre 1837 wurde die Firma Hermès in Paris gegründet. Adresse: 24, Faubourg St. Honoré. Von dort aus wurde und wird die Welt mit allem Schönen ausgestattet.

Im Jahre 1937 wurde das Hermès-Seidentuch geboren. Seitdem sind mehr als 900 Dessins realisiert worden. Sie werden im Siebdruck hergestellt. Die Gravur für das Carré kommt aus der Feinschmecker-Gegend von Lyon. Die Ausarbeitung eines Themas dauert ein Jahr. Weitere 18 Monate vergehen, bis das Tuch in die Hand des Kunden gelegt werden kann.

Hermès paßt sich mit Phantasie jeder Kühnheit an. Hermès Carré – als Armband, als Bouquet, als Halsschmuck nach Art der Cowboys, als Knoten, als Gürtel, als Einstecktuch in den Business-Anzügen der Herren.

Hermès – Weltunternehmen des Luxus mit menschlichen Proportionen und handwerklichem Know-how.

Das limitierte Tuch von Hermès mit STIESING-Schriftzug und Gründungsjahr zum Jubiläum

NEW-YORK - SAN FRANCISCO
ROTTERDAM
HERMÈS PARIS
Les Clefs De Notre Enfance

Mode macht Geschichte

18., 19. und 20 Jahrhundert

Mode

im

Wandel

der

Zeiten

Mode –
in Bremen und auch anderswo

Dreimal ist Bremer Recht – viele Deutungsversuche gibt es für diese alte Redensart. Der überzeugendste stammt aus einer mittelalterlichen rechtsgeschichtlichen Wurzel: Bremen hat eine eigene Gerichtsbarkeit, freie Schiffahrt auf der Weser, und Bremer Ratsherrn dürfen Gold und Pelzwerk tragen – über dem mit Spitzen geschmückten Hemd.

Die Bremer Herren legten schon sehr früh großen Wert auf Kleidung – natürlich klassisch, oder wie es Harm Hesterberg heute formuliert: neuklassisch.

Die Bremer Damen trugen vor allem Tiefschwarz, so daß Thomas Lediard, ein englischer Reiseschriftsteller, Anfang des 18. Jahrhunderts bei seiner Ankunft in Bremen schreckerfüllt meinte, in der Stadt sei die Pest ausgebrochen, weil viele Bremer schwarz gekleidet waren.

18. Jahrhundert

Das besondere Kennzeichen der Bremerinnen war das Tiphoiken, ein Regenumhang aus schwerem, in Falten gepreßtem Stoff. Das Oberteil, das man über den Kopf zog, hatte über der Stirn einen hornartigen Griff, der bei windigem Wetter mit der Hand gehalten werden konnte. Die gehörnten Frauen von Bremen waren überall in Deutschland bekannt, zumal es in Bremen auch früher schon häufig regnete.

Das Horn war Ende des 19. Jahrhunderts längst verschwunden, wenngleich die Damen in Bremen keineswegs so kunstvoll und elegant »verpackt« waren wie jene in Paris.

»Die englische Kleidung legt sich um die Persönlichkeit wie ein schmuckloser Rahmen um ein gutes Bild.«

Luxuswesen waren die Bremerinnen nie. Dennoch – der Rock erhielt eine kurze Schleppe, der Stehkragen wuchs immer höher den Hals hinauf. Ebenso strebte der Hut in die Höhe, um zur Jahrhundertwende immer breiter zu werden. Gar-niert wurde er mit Stoffblumen und Straußenfedern. Doch eines blieb: Die Bremerin bevorzugte Schwarz, was damals sogar in Paris Mode war.

Der Herr fühlte sich in seinen alten Anzügen wohl, die er schon 70/71 getragen hatte, die im Dreikaiser-Jahr 1888 wieder aufgebügelt wurden und in denen er auf das neue Jahrhundert anstieß.

Viele Anzüge waren hochgeschlossen, was Hermann Stiesing, der ja mit Krawatten handelte, nicht besonders gern sah, andere zeigten mehr Wäsche. Die Muster waren einfach – grau, braun, blau, grün.

Der Cutaway (Cut) ersetzte den Gehrock. Und der Smoking kam hinzu, der allerdings nur im Rauchsalon getragen wurde. Allgemein bestimmten die Engländer die Herrenmode, und der zeitgenössische Schriftsteller Oskar A. H. Schmitz meinte in einer gesellschaftskritischen Schrift: »Die englische Kleidung legt sich um die Persönlichkeit wie ein schmuckloser Rahmen um ein gutes Bild.«

Aus Amerika kam die Konfektion. Das heißt, die Anzüge wurden nicht mehr geschneidert, sondern »von der Stange«, wie es in Deutschland hieß, verkauft. Die Bremer Herren allerdings ignorierten das. Sie hatten nach wie vor ihren Schneider und kleideten sich eher absichtlich schlecht – wie die Lords im englischen Oberhaus.

Herren, die ein bißchen Wert auf modische Kleidung legten, waren auf die Krawatte angewiesen, die als Halstuch eines in französischen Diensten stehenden kroatischen (daher mundartlich »Krawat«) Regimentes um 1670 in die zivile Kleidung übernommen wurde.

Max von Boehn sagt zur Krawatte in seinem Buch »Die Mode«: »Die feinere Differenzierung zwischen Besuchen intim freundschaftlicher oder gesellschaftlicher Art, zwischen Frühstück und Déjeuner dinatoire usw. beruhte wesentlich auf der Wahl der Weste und der Krawatte, denn diese beiden Kleidungsstücke des Herren sind in der ganzen langen Zeit die einzigen gewesen, in denen er einen persönlichen Geschmack an den Tag legen durfte.«

19. Jahrhundert

Vor dem Ersten Weltkrieg (1914 – 1918) begann der Sport eine Rolle zu spielen – zunächst in England, dann auch in Deutschland. Und zum Sport gehörte die Sportkleidung. Der Herr trug Kleidung für die Jagd, fürs Reiten, fürs Radfahren, zum Tennisspielen, zum Golf, Hockey, Fußball, Skilaufen – und natürlich auch fürs Automobil.

Der feine Herr trug Hosen mit Bügelfalte, die der König von England erfunden haben soll; denn der König von England, Eduard VII., galt als der Mode-Zar seiner Zeit. Kurz vor 1914 bevorzugten die Herren »Hochwasserhosen«, die nur knöchellang waren, Stecktuch, Spazierstock und Handschuhe, die schon in der Antike als Fingerhandschuhe für die Oberschicht und als Fausthandschuhe für Bauern und Arbeiter im Gebrauch waren. Die Hosenträger wurden – viele Damen nahmen das glücklich seufzend zur Kenntnis – durch schmale Gürtel aus Leder ersetzt. Die Gürtel kamen aus Amerika.

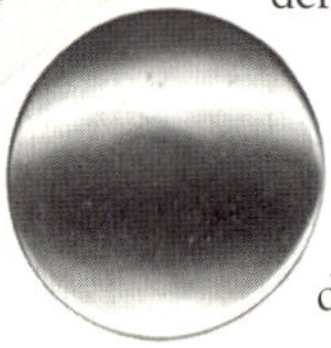

Lord Raglan kreierte den Raglanmantel, dessen Ärmel von der Armhöhe schräg hinauf bis zum Kragen verlaufen. Sportliche Herren kauften sich Knickerbocker, benannt nach den Kniehosen der holländischen Siedler New Yorks. Unternehmungslustige Herren setzten den Hut schief auf den Kopf. Die »Kreissäge« oder »Butterblume« wurde zum Sommerhut. Kostbarer war der »Panama«, der eine breite, schlaffe Krempe hatte und aus den Blättern der Panamapalme hergestellt wurde. Aus den tropischen Kolonien, aus Indien und Persien, kam der Schlafanzug, der Pyjama, der in den achtziger Jahren des 19. Jahrhunderts noch ein Bekleidungsstück der Zuhälter in Paris war.

Die Damen trugen den fußfreien und unterhalb des Knies zusammengebundenen »Humpelrock«, der sie am richtigen Gehen hinderte. Auch der Hosenrock wurde von einigen Modemachern kreiert.

Als sich junge Frauen mit ihm in den Straßen von Berlin zeigten, wurden sie ausgelacht. In Bremen kamen selbst sehr mutige Damen nicht einmal auf die Idee, einen solchen Hosenrock anzuziehen. Und schon gar nicht trug man leichte Seidenhemden und – nichts darunter.

Druckknöpfe, die bereits 1885 von einem Herrn Bauer erfunden worden und lange viel zu teuer waren, fanden endlich Abnehmer. Abends wurden Kleider mit Seitenschlitz getragen. Seit 1910 war die Handtasche ein unverzichtbarer Gebrauchsgegenstand. Der Schirm wurde auch bei gutem Wetter spazierengeführt.

1900 - 1914

SIMPLICISSIMUS
10 PF

Elektrischen Wagen
Norddeutschen Automobil- und Motoren A. G., Bremen,
Sr. Majestät dem deutschen Kaiser
Internationalen Automobil-Ausstellung

Untergrundbahn

Während des Ersten Weltkrieges veränderten sich die Lebensverhältnisse überall in Europa. Frauen halfen in Lazaretten, in Munitionsfabriken und in Großküchen. Das bedeutete praktischere Kleidung: Das Kostüm kam auf, schlichte Kittel- und Mantelkleider wurden bevorzugt, und als der Krieg zu Ende war, hatten die Herren in Europa einen neuen Mantel: den Trenchcoat von Burberrys. Er war in den Schützengräben das bevorzugte Kleidungsstück der britischen Offiziere gewesen.

In den zwanziger Jahren wurden die Röcke der Damen kürzer – und auch die Haare. Die Damen schockierten ihre Männer mit dem Bubikopf. Man sang den Schlager »Wenn die Elisabeth nicht so schöne Beine hätt'« und besuchte Modenschauen, während die Herren am liebsten im Hintergrund blieben. Nur die Dandys, Individualisten und Schieber trugen die weiten und auffallenden Tangohosen, die in Oxford erfunden worden waren.

Außenminister Gustav Stresemann machte den »Stresemann« populär. Es war ein Sakkoanzug mit schwarzem Jackett, grauer Weste, heller Krawatte und grau-schwarz gestreifter Hose. Während des Tages trugen die Herren Korkenzieherhosen und Hemden mit bequemen Stehumlegekragen. Der »Vatermörder« oder »Mitesser«, der über das Kinn hinausragende gesteifte Stehkragen, war lange tot, nun ging es dem Stehkragen ganz allgemein ans Leder. Die Krawatte wurde breiter und farbenfreudiger. Zur Knickerbocker gesellte sich die Sportjoppe, die – wie Ingrid Loschek in ihrem Buch »Mode im 20. Jahrhundert« schreibt – aus dem arabischen »Djubbeh« kommt, was baumwollenes Überkleid bedeutet, wie es heute noch in manchen arabischen Ländern von den Männern getragen wird.

Die dreißiger Jahre entdeckten den Busen, der in den zwanziger Jahren geschrumpft war, die Taille und die Hüfte. Das Kostüm bekam ein uniformmäßiges Aussehen. Der Fuchs, der sich im Winter wärmend um die Schultern der Dame legte, wurde zum Statussymbol. Der Reißverschluß, der bereits 1851 von einem Amerikaner erfunden worden war und seitdem immer wieder »erfunden« wurde, setzte sich endgültig durch. Als Else Stiesing in den dreißiger Jahren zum Skilaufen fuhr – mindestens eine Woche in den Harz –, trug sie einen sogenannten Norweger-Anzug mit knöchellanger Überfallhose und lumberjackartiger Jacke aus Wolle. Darunter trug sie einen selbstgestrickten Pullover.

Else und Walter Stiesing

Die Bremer Herren orientierten sich am Prinzen von Wales, dem späteren König Eduard VIII. und – nach seiner Abdankung – Herzog von Windsor. Man trug Weste, die im 17. Jahrhundert, zu Ludwig XIV. Zeiten, als neue Herrenmode kreiert worden war – mit knielangem Schoß und langen Ärmeln. Im Laufe der Jahrhunderte wurden die Westen kürzer, vor allem die Westen der Husaren, und die Ärmel wurden sozusagen abgetrennt.

Die Sakkos waren kurz. Bevorzugt wurde der Nadelstreifen – nicht nur in Bremen, wo man auf die Modefarbe der Anzüge seit langem eingestellt war: Marineblau.

Die Hemden waren leicht getönt, die Krawatten breit und – im Sommer – bunt. Der seriöse Herr trug den halbsteifen »Demi-Homburg« wie der britische Außenminister Sir Anthony Eden.

Zwischen den Kriegen

Einige Jahre später steckten fast alle Herren in Uniform. Der Zweite Weltkrieg (1939 – 1945) ließ keinen Gedanken an modische Kleidung zu. Wer ums Überleben kämpft, denkt nicht daran, ob seine Socken zur Krawatte passen. Nach dem Krieg trugen die Männer ihre alten Uniformen auf. Damit die Hemden länger hielten, wurden die Kragen gewendet.

Auch die Damen wurden durch Stoff- und Kleiderrationierung gezwungen, alte Kleider durch neue Knöpfe, durch Stickereien und Manschetten aufzufrischen. Selbst die großen Modehäuser in der Schweiz, so berichtet der Katalog »Ein Hauch von Eleganz« zu einer Mode-Ausstellung im Bremer Focke-Museum, »lassen ihre Erfindungsgabe um Gasmasken-Etuis und schützende Hüllen kreisen«. Wer schön sein wollte, trug eine »Entwarnungs-Frisur«, so nannte man die hochgekämmten Haare, dazu einen »Turban« aus einem Schal und Schuhe mit dicken Holz- oder Korksohlen. Gleich nach den Ende des Krieges, 1945, wurden Blusen aus dem roten Tuch der Hakenkreuzfahnen und aus Fallschirmseide geschneidert. Kesse Mädchen benutzten beim Baden das schwarze BDM-Halstuch als Oberteil.

Im Jahre 1947 machte Christian Dior durch seinen »New Look« von sich reden. Ein Jahr später kam diese Mode mit ihren weiten, eng taillierten und wadenlangen Röcken nach Deutschland. Die jungen Damen trugen das »Mariandle-« oder »Hundehalsband« und natürlich den Petticoat: Ihre weiten und knielangen Röcke wurden mit Hilfe des Petticoats in eine abstehende und wippende Form gebracht. Der Reifrock des 18. und 19. Jahrhunderts feierte seine Wiederkehr, und Anne Hesterberg erzählt, daß Fräulein Herzog, Lehrling bei STIESING, gar nicht hinter den Tresen paßte. Für die Nacht kam Mitte der fünfziger Jahre der Pyjama »Babydoll« auf.

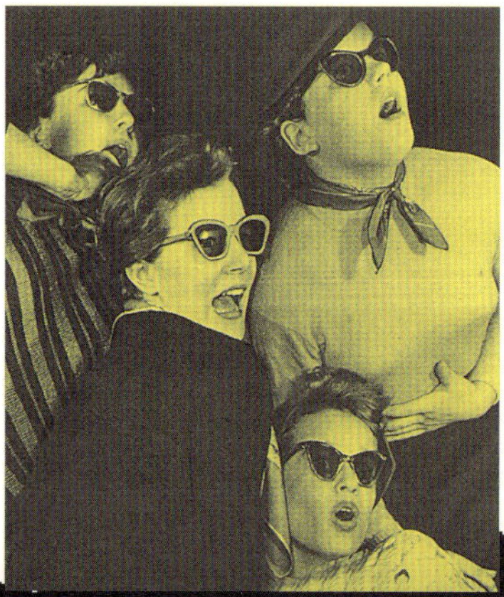

Die Herren trugen weite und sackartige Sakkos, weite Hosen, weiße und dunkle Hemden und Schirmmützen; denn der Hut war im Krieg unmodern geworden. Er kam erst in den fünfziger Jahren wieder, wenngleich er beim Grüßen nicht mehr oder nur noch knapp gelüftet wurde, eine Höflichkeitsgeste, die aus der Ritterzeit stammt. Damals machte die Rüstung den Mann unverwundbar. Wenn er den Helm absetzte – auch in der Kirche – war das ein Zeichen der Unterwerfung oder der Ehrerbietung. Später hieß es dann: »Mit dem Hute in der Hand / kommst du durch das ganze Land!«

In den fünfziger Jahren entsann man sich in England an den stets korrekt gekleideten Eduard. In Italien schickten sich die Herrenschneider an, den Engländern Konkurrenz zu machen. In Deutschland ging der Herr zur konventionellen Kleidung über.

Lothar Lühmann, der viele Jahre bei Hespen am Wall tätig war, ehe er Anfang der neunziger Jahre zu STIESING kam, erzählt, daß die fünfziger Jahre in Bremen – nicht nur bei den Herren – die Zeit der Burberrys war: »Burberry of London«, betont er. »Nicht vergessen: of London!«

Bundeskanzler Adenauer fühlte sich in seinem Urlaubsort Cadenabbia wohl unter seinem Pepita-Hut. Sehr viel getragen wurden der Sakkoanzug und weiße Hemden, oft gemustert, mit Spreiz- oder »Haifisch«-Kragen. Für die Freizeit wurde das Hawaii-Hemd angeboten. Die Krawatten waren sehr schmal und die Schuhe spitz.

achkriegszeit/Wirtschaftswunder

Lothar Lühmann für STIESING unterwegs in London

Die knabenhafte Twiggy (die teuerste Bohnenstange der Welt) wurde Ende der sechziger Jahre zum Vorbild der jungen Damen. Der Rock wurde immer kürzer – er wurde zum Minirock, den die Engländerin Mary Quant 1964 kreierte. Als Gegenstück wurde der Hosenrock entwickelt. Elsa Martinelli machte die Windstoßfrisur bekannt. Der Bikini eroberte die Strände.

Die Hippies, die Blumenkinder mit Blumen im Haar, machten Mode. Nicht für STIESING, sondern zum Beispiel für Peter Sawitza, der in Vegesack ausgebildet worden war und ein Geschäft in der Bremer Innenstadt eröffnet hatte – »für die Söhne der Kunden von STIESING«, wie er erzählt. »STIESING war für mich eine Instituion.«

Damals, so berichtet er, trugen die jungen Leute lange Haare, Koteletten und Kettchen. Die Hemden waren eng, die Hosen oben eng und unten weit. »Einmal quälte sich ein Fußballstar von Werder, der mächtige Oberschenkel hatte, in eine solche Hose hinein«, erzählt Sawitza. »Ich habe noch nie eine so fürchterlich geplatzte Hose gesehen.«

Sawitza brachte einiges in Bremen in »Unordnung«. An einem heißen Tag hängte er einen Zettel ins Fenster: »Wir sind am Unisee. Kommen Sie doch auch.« Es kamen viele Kunden, und »wir haben dort eine Sause gemacht«. Heute ist Sawitza bei STIESING im Verkauf tätig.

In den sechziger Jahren wurden die Herrenhosen enger. Der Smoking verlor seinen Kummerbund, der in den dreißiger Jahren die Weste abgelöst hatte. Das Ziertuch machte dem Kugelschreiber Platz. Die Krawatten gingen in die Breite und wurden bunter. Viele Herren trugen aber statt der Krawatte ein Halstuch. Wieder andere entdeckten für sich den Rollkragenpullover. Die Blue Jeans, die der Bayer Levi Strauss im Jahre 1850 in San Francisco als Goldgräber-Hose erfunden hatte, begannen – anfangs nur als Freizeitkleidung, dann als alltägliches Kleidungsstück – ihren Siegeszug auch durch Deutschland, zunächst noch kategorisch abgelehnt von den älteren Semestern. Heute tragen sogar die Damen in Bremen Blue Jeans.

In den siebziger Jahren wurde die Herrenmode lässiger, die Damenmode variabler. Mini – Midi – Maxi – es gab keine eindeutige Richtschnur. Die Hot Pants irritierten die Männer, deren Hosen so eng wurden, daß sie ihre Geldbörse in einer Handtasche befördern mußten. Ein paar Jahre später waren die Hosen durchlöchert – was aber als schick galt, während andere Herren begannen, sich elegant zu kleiden, und sogar bei der Unterwäsche Wert auf Stil legten.

Burberrys aber war immer noch da. »Und vergessen Sie Harrison's of Edinburgh nicht«, sagt Lothar Lühmann, der Herr mit den Bonbons. Jahrzehntelang hatte er seine Kunden mit Original-Sallos gefüttert, die er stets in seiner Westentasche (Burberrys) bei sich trug. Aber die Bonbons waren nur eine Zutat. Lühmann, der auch den Nachwuchs bei STIESING schulte: »Gute Verkäufer beziehungsweise Verkäuferinnen erkennt man nicht an den Bonbons in der Westentasche, sondern an ihrem Witz, ihrem Charme und an ihrem Einfallsreichtum – und daran, daß sie den Kunden ernst nehmen.«

70er Jahre

80er und 90er Jahre

Die Herrenhemden von Lorenzini – und was man über sie wissen sollte

Kleidung ist Ausdruck unserer Identität. Kleidung ist stets auch ein Bekenntnis, denn mit der Wahl der Garderobe machen wir deutliche Aussagen über uns und unsere Individualität. Aufmerksame Menschen wissen das und wählen deshalb mit Sorgfalt und Bedacht. Wer Herrenhemden von Lorenzini bevorzugt, kann sicher sein, daß sich dieser Teil seiner Kleidung durch die für den Kenner unverkennbaren Merkmale der Qualität und Stilsicherheit auszeichnet.

In Italien gibt es sie noch immer, die kleinen feinen Manufakturen, die, auf das Erzeugen hoher Qualität spezialisiert, unbeirrt der Tradition folgen. Die Namen dieser Garanten des Außergewöhnlichen raunen sich Connaisseurs zu. Erlesenes – das weiß man – muß nicht jedermann bekannt sein. Es genügt, unter Kennem berühmt zu sein. Lorenzini ist es.

Der Grundsatz »Klasse statt Masse« gilt in hohem Maße auch für die Arbeit und das Angebot führender Herrenausstatter, dieser Experten für guten Geschmack und Stil, die sich auf das engste mit den erwähnten Produzenten verbunden fühlen. Es sind besonders kritische Leute, wenn es um Stil und Mode geht, um die Qualität von Material und Verarbeitung.

Einige der bekanntesten Herrenausstatter haben sich seit langem dafür entschieden, ihren Kunden vornehmlich Herrenhemden von Lorenzini zu empfehlen und als autorisierte Partner stets eine aktuelle Auswahl dieser Hemdenkollektion bereitzuhalten. Und das hat gute Gründe.

Sie sind echte Italiener. Die Hemden von Lorenzini werden im norditalienischen Städtchen Merate in einer Weise gefertigt, die selten geworden ist. Weil man die Qualität eines Hemdes erkennt und auf der Haut spürt, werden von Lorenzini seit eh und je nur hochwertige Naturfaserstoffe verarbeitet: reine Baumwolle, reines Leinen, reine Seide oder deren Mischungen. Hemden von Lorenzini sind eine Klasse für sich, verkörpern sie doch Herrenmode auf sehr persönliche Art. An ihnen ist nichts laut, grob oder zu bunt. Sie wirken elegant im Sinne unserer Zeit. Charakteristisch sind ihre subtilen Farbnuancen, die aparten Dessins und die echten Perlmuttknöpfe. Und jede Naht verrät die Sorgfalt ihrer Entstehung.

Die Hemden mit dem Namen Lorenzini findet man nur bei den führenden Herrenausstattern. Wer von ihnen eine besondere Auswahl dieser Kollektion bereithält, ist mit dem Prädikat »Deposito Lorenzini« ausgezeichnet. Das Haus Stiesing in Bremen gehört dazu.

Claus A. Froh

HOMMAGE À LORENZINI

Im Jubiläumsjahr 1995 können anspruchsvolle Kenner die neuen, vom Stil der Gründerzeit inspirierten Herren-Hemden bewundern: In Material, Dessin, Detail und in der Verarbeitung eine moderne Interpretation der zeitlosen Qualitäts-Verpflichtung des berühmten Hemdenschneiders aus dem norditalienischen Merate. / Die neueste Kollektion von Lorenzini finden Sie bei STIESING in Bremen.

CLAUS A. FROH

Baldessarini
HUGO BOSS

Die Hanseaten

Geschäfte, Tradition und Mode

Keine Abenteurer, keine Gernegroße

Sie sind von Nienburg gekommen, Mädchen und Jungen einer Realschule, zwölf- und dreizehnjährig. Am frühen Vormittag stehen sie auf dem Markt, ihr Lehrer weist mit der Hand zu den Figuren der Rathausfassade, bemüht, den Schülern etwas aus der Geschichte unserer Stadt zu vermitteln. Die Mädchen hören ihm aufmerksam zu, die Jungen lassen sich vom Roland ablenken.

Wir können erraten, wohin die Schulklasse anschließend gehen wird: Böttcherstraße, hinunter zur Weser, die Promenade entlang und dann in den Schnoor. Ausgetretene Pfade. Der Lehrer, sofern er gut informiert ist, wird von den Segelschiffen an der Balge und Schlachte erzählen, die Risiken und Strapazen der Seefahrer erwähnen und auf die Hanse zu sprechen kommen. Denn Bremen gehört – neben Hamburg, Lübeck und Rostock – zu den letzten Hansestädten.

Galeone im Giebelfeld des Schüttings

Fremden, auch wenn sie Lehrer sind, muß es schwerfallen, jenseits der Fakten das typisch Bremische zu verdeutlichen, jenes im Vergleich zu Hannover, Oldenburg oder Münster so Andersartige. Woher die Traditionen? Warum die Bedachtsamkeit der Kaufleute im täglichen Leben? Und ist die Behauptung berechtigt, Bremer hätten Mühe, über sich selbst zu sprechen?

Beginn einer großen Zeit

Kein Zweifel: In der großen Zeit der Hanse vom 14. bis zum 16. Jahrhundert hat Bremen an Statur gewonnen. Indem sich die Kaufleute gegen adlige Privilegien durchsetzten und eine mittels Niederlassungen Handelsgemeinschaft von Brügge bis Reval organisierten, bewiesen sie Mut und Standfestigkeit, vor allem den Willen, sich nicht in ihre Geschäfte reinreden zu lassen.

Wer das Risiko wagte, wertvolle Güter den Schiffen und damit den Unbilden der Meere anzuvertrauen, sollte auch den Gewinn haben. Bremen hatte gelernt, über die Weser hinaus zu denken, wurde städtisch und wohlhabend. Handeln, Unterwegssein, mit Fremden sich austauschen erweiterte den eigenen Horizont, förderte den Schiffbau, half dem Handwerk und kam dem Gewerbe daheim zugute.

Mit den Kaufleuten im Gildehaus, dem späteren Schütting, und zugleich im Rat der Stadt beschleunigte sich der Pulsschlag des Gemeinwesens. Man leistete sich ein bewundertes Rathaus, schöne Bürgerbauten um den Markt und sann auf Wege, die über hundert binnenländischen Städte, gleichfalls der Hanse assoziiert, mit Produkten aus der Ferne zu versorgen.

Weseransicht der Freien Hansestadt Bremen um 1850

Mode macht Hanseaten

Bis heute ist das Adjektiv hanseatisch im Sprachgebrauch, und zwar so selbstverständlich, daß niemand mehr seine Bedeutung erfragt. Als Erklärung mag gelten, daß die Kaufleute der Hanse, ganz im Gegensatz zu den Imperialisten des 19. Jahrhunderts, keine Ausbeuter waren. Warentausch lenkte ihre Sinne. Auf Geben und Nehmen bedacht, sollten Vor- und Nachteile partnerschaftlich ausgeglichen sein. Ehrlich teilen, das war hanseatisch. Und auch dies: die Nöte der Partner kennenlernen, ihren Wünschen entgegenkommen und eigene offen zur Sprache bringen.

Diesem puritanischen Denken entsprach auch der äußere Habitus. Man kleidete sich den Gegebenheiten angemessen, englischem Stil eher zugetan als französischen Einflüssen. Die Herren engbehost, den Gehrock auf Taille geschnitten. Extravaganzen wie Jabots oder Blumen im Knopfloch nahm man bei auswärtigen Gästen hin, selbst blieb man unauffällig. Die Damen hielten sich an gedeckte Farben, meist sogar Schwarz, vor allem sonntags. Helle, womöglich weiße Kleider setzten sich erst nach den Befreiungskriegen durch.

In Bremen für die Universal und Europäische Modezeitung

Das Bremer Schaffermahl

Gemäß einem Brauch aus dem 16. Jahrhundert finden sich alljährlich am zweiten Freitag im Februar gestandene Männer ein, um der Schaffermahlzeit zu frönen. Seit Kriegsende wird sie in der Oberen Rathaushalle zelebriert. Und Jahr für Jahr bietet sich den Fotografen das gleiche Bild: eine festlich gedeckte Dreizack-Tafel, die den großen Saal bis auf den letzten Meter beansprucht, dreihundertzwanzig Teilnehmer im vorgeschriebenen Frack mit Weste und weißer Fliege, über ihren Häuptern die bulligen Koggen, bremische Kauffahrteischiffe.

300 Gäste beim Schaffermahl in der Oberen Halle des Bremer Rathauses

»Schaffen, schaffen, unnen un boven – unnen un boven schaffen«, sagt der Vorsteher des »Haus Seefahrt«. Mit diesem Ruf auf den Schiffen von alters her, gemeint ist prosaisch die Aufforderung zum Essenfassen, beginnt das älteste Brudermahl der Welt. Die Gäste wissen die Ehre zu schätzen, zumal niemand ein zweitesmal gebeten wird.

Den Gastgebern ist die Mahlzeit, begleitet von Reden in vorgeschriebener Folge, eine willkommene Gelegenheit, alte Beziehungen zu kräftigen und neue herbeizuführen, eigene Sorgen mit denen zu teilen, die ähnliche haben. Darin liegt der ideelle Nutzen, begleitet wird er von dem philanthropischen. Die Männer spenden großzügig für das Sozialwerk »Haus Seefahrt«, dem es obliegt, für die Witwen und Waisen der Seeleute zu sorgen und deren Siedlung im Stadtteil Grohn zu erhalten.

Der DGzRS verdanken seit ihrer Gründung im Jahre 1865 mehr als 56.000 Menschen ihr Leben

Brauch seit 1829:
Die »Heiligen Drei Könige« testen,
ob die Weser »steiht oder geiht«

Die Eiswette

Bremisch eigenartig und nur vom Fluß her zu verstehen ist die »Eiswette« übermütiger junger Leute aus einer Zeit, als das Wasser im Winter noch Rätsel aufgab, ob es denn fließe oder gefroren sei. Die Wette ist seit dem Jahr 1829 belegt. Sie verlor ihren realen Bezug, als der geniale Oberbaudirektor Ludwig Franzius 1885 die Weser vor der Versandung bewahrte und das Gefrieren ein Ende nahm. Seitdem hat die »Eiswette« nur noch symbolischen Charakter. Geblieben ist freilich der Schmaus in der »Glocke« an runden Tischen, weiß wie Eisschollen, und die Tradition: Reden zur Befindlichkeit des Landes, Reden auf Bremen. Große Namen verzeichnet die Liste der Ehrengäste.

Auch hier ist, bremischem Denken gemäß, die Hilfsbereitschaft groß: Die »Eiswette« unterstützt mit ihren beträchtlichen Einnahmen die Deutsche Gesellschaft zur Rettung Schiffbrüchiger. Wer jemals in Seenot geriet, wird das zu schätzen wissen.

Handel und Wandel

Mit dem beginnenden 19. Jahrhundert beeilte sich die Stadt, ihre veralteten und überaus hinderlichen Befestigungen abzureißen, um Platz zu schaffen für neue Straßen und Bauten. Man wollte mit der Zeit gehen, sich modernisieren, zumal von Übersee frischer Wind aufkam. Ein gutes Vorzeichen: Der Bremer Kaufmann Friedrich Jacob Wichelhausen war zum ersten amerikanischen Konsul in der Alten Welt ernannt worden. In Washington hatte man nicht vergessen, daß es der kleine Stadtstaat Bremen war, der, allen europäischen Ländern voran, die jungen Vereinigten Staaten diplomatisch anerkannt hatte.

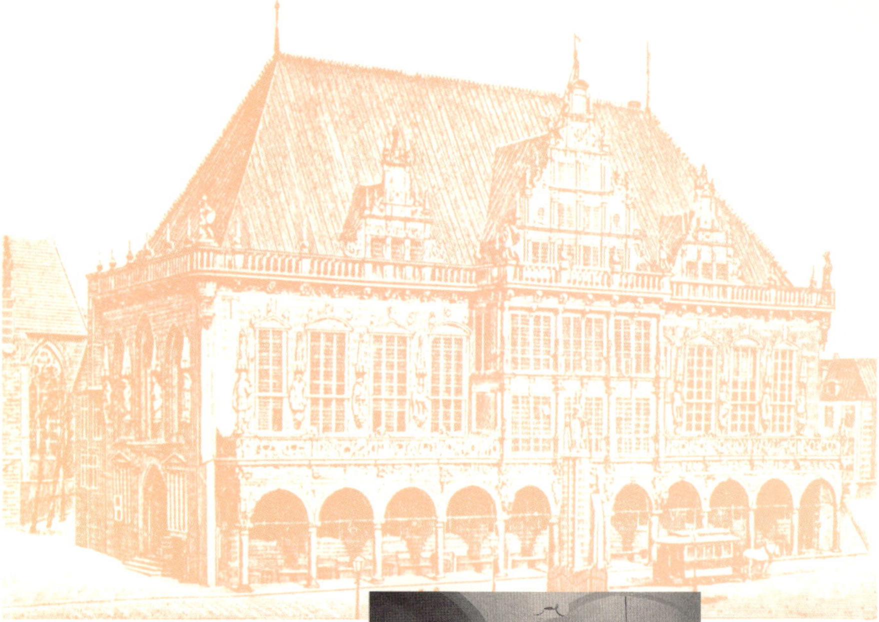

Tabak, Baumwolle und später auch Petroleum erweisen sich als Importe mit großer Zukunft; sie bringen Bremen in eine Hochkonjunktur. Nicht in London, nicht in Rotterdam oder Antwerpen, sondern an der Weser gehen die ersten amerikanischen Dampfer vor Anker: mit Post aus den USA.

Das alte Rathaus mit gemütlichem Ratskeller

Bacchus-Holzfigur auf einem historischen Weinfaß im Bacchuskeller des Bremer Ratskellers.

Immer enger die Beziehungen, auch persönliche, und immer häufiger die Ladungen von Übersee. Verträge ja, aber auch Handschlag genügte für Abmachungen und gedeihliche Zusammenarbeit. So manches langlebige Geschäft begann im Ratskeller, wo die besten deutschen Weine wie die eigene Brut gehegt und gepflegt wurden; oftmals aber auch im eigenen Heim bei schwerem Bordeaux, lang gelagert für besondere Anlässe.

Mochten die Menschen südlich des Mains ungläubig dreinblicken, wenn sie von der Weinstadt Bremen hörten, in Oslo, Kopenhagen, Königsberg, Stockholm und Riga wußte man zu würdigen, was die gestandenen Weinhändler an der Weser ihnen aus Frankreich offerierten.

Meierei im Bürgerpark

Bremens Kultur blüht

Aufmerksamen Besuchern kann nicht verborgen bleiben, daß unsere Stadt ihr Antlitz in vieler Hinsicht dem vorigen Jahrhundert verdankt, als viel Geld die Kassen füllte, unentwegt gebaut und verschönert wurde und die wohlhabenden Familien für alles Gute spendeten: Werke großer Meister gelangten in die Kunsthalle, der Bürgerpark weitete sich zum schönsten öffentlichen Grün Norddeutschlands aus, und an der Marcusallee entstanden der Botanische Garten und der Rhododendrenpark, die Skulpturen namhafter Bildhauer erheischten Bewunderung.

»Echt ist diese Stadt, und echt ist selten«, dichtete der seefahrende Ringelnatz. Was meinte er? Daß die Bremer ihre Gärten liebevoll pflegen und am Mittwochabend im Ratskeller ihren Schoppen trinken, daß sie zu Freimarktszeiten übermütig werden und auf dem Weihnachtsmarkt eine gewisse Knauserigkeit schon mal vergessen? Denkbar wäre auch, daß er bürgerliche Genügsamkeit mit selbstverständlicher Internationalität in schönster Eintracht beobachtet hat.

Bremen – anfänglich eine Bischofsstadt, aber nie eine Residenz irgendwelcher Grafen oder Fürsten. Sondern selbstverwaltet, eine Republik – die kleinste und älteste der Welt. Keine römische Gründung, sondern urdeutsch, alsbald zunehmend bremischer Prägung, stolz auf Eigenständigkeit, die immer entschlossen verteidigt worden ist.

Rhododendrenpark in Bremen

Skulptur vor der Kunsthalle

Der Roland auf dem Marktplatz vor dem Rathaus

Maritimes Bremen

Stadtgeschichte ist in Bremen zugleich Seefahrtgeschichte. Als Reederei herausragend der Norddeutsche Lloyd, zur Kaiserzeit üppig residierend in der Innenstadt, von H. H. Meier forsch ins Leben gerufen, synonym geworden für globales Engagement und elegante Dampfer. Wer es sich in den späten zwanziger Jahren leisten konnte, buchte Kreuzfahrten auf der »Bremen« und unterwarf sich freiwillig den Bekleidungszwängen.

Konzertprogramm der »Bremen«

Man könnte sagen, das Modediktat habe damals begonnen: Zum Breakfast halblang, auch sportlich in Rock und Bluse, zum Lunch genügte ein kurzer Rock mit Pullover, weil sportliches Tun den Vormittag ausfüllte, und zum Dinner dann die große Garderobe. Für die Herren, die tagsüber englische Kniehosen bevorzugten, erzwang der Abend ausnahmslos den Smoking. Selbst der Blazer oder die zweireihige Börsengarnitur wären mißliebige Erscheinungen gewesen.

Vom Winde verweht jene wenigen Jahre, da sich Europa im Frieden wähnte. Heute denken viele Bremer mit Wehmut an die Zeit nach dem Zweiten Weltkrieg, als in den Werften immer neue, immer größere Schiffe vom Stapel liefen, mal bei der AG Weser, mal beim »Vulkan«. Technisch perfekte Gebilde, Ergebnisse großen Könnens und die fein abgestimmte Einzelleistung der Facharbeiter, ein beneidenswertes Potential an kreativen Kräfte.

Luxusdampfer »Albert Ballin«, ein Schiff der HAPAG

Die Länder beäugen einander, sie lernen aus eigenen Fehlern und fremden Erfolgen. Leider nicht immer und oft auch zu spät. Asiatische Staaten haben Europa im Schiffbau abgelöst, der Preis diktiert das Geschäft. Der städtische Hafen: längst nicht mehr, was er in den sprudelnden Wirtschaftswunderjahren war; die Werften weitgehend obsolet, die einzelnen Becken lohnen kaum die Besichtigung.

Links: Bremerhavens Containerterminal

Rechts: Bremer Überseehafen um 1920

Die Zunahme der Industrialisierung

Ein Phänomen in Form einer eisernen Kiste startete Mitte der sechziger Jahre zum Lauf um die Welt: der Container. Wenn es je eine Hafenromantik gegeben haben sollte, sie ist ein für allemal perdu. Häfen sind längst industrieähnlich, Bremerhaven mit seinem Container-Terminal beweist es. Ein rund um die Uhr auf Effizienz eingestellter Großbetrieb, dessen vorherrschende Adjektive »schnell« und »sicher« sind. Der Satz »Time is money«, bewahrheitet sich dort rund um die Uhr.

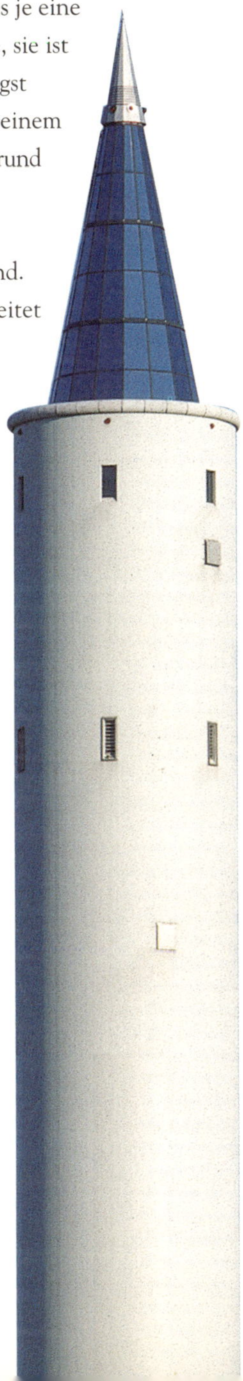

An Europas Weltraumlabor Spacelab wurde in Bremen maßgeblich mitgearbeitet

Was der Lehrer aus Nienburg seiner Klasse verdeutlichen muß, wenngleich ohne konkrete Beispiele, ist dies: Die alte Hansestadt befindet sich in einer Phase deutlichen Wandels. Noch immer eine Stadt des Handels, der Reedereien und Schiffsmakler, Ex- und Importfirmen, Banken und Assekuranzen, die meisten alteingesessen.

Nun aber auch gleichbedeutend die Industrie internationaler Reputation: Mercedes-Benz, Kraft Jacobs Suchard, Kelloggs, ERNO Raumfahrttechnik, Atlas Elektronik und Beck & Co., die mit ihrem Bier für Bremens Präsenz in der Welt einsteht.

Trotz des strenger werdenden Wettbewerbs behaupten sich ansässige Klein- und Mittelbetriebe. Inspiriert von Instituten der Universität und den technischen Fachbereichen der Hochschule, agieren sie in den Nischen der Konzerne und bringen Bremen ins Gespräch.

Der Fallturm am Unigelände mit der Höhe von 115 m, gebaut für Experimente mit der Schwerkraft

Links oben: die Versuchskapsel im Innenraum.

Bremens Selbständigkeit

Draußen und drinnen oder bremisch gesagt buten un binnen: Wie gewohnt erfreut sich die Stadt weltweiter Verbindungen, pflegen die Kaufleute und Hersteller ihre Kontakte und treffen sich mit ihren Geschäftsfreunden in den Clubs, beim Golf oder an heimischen Kaminen, berührt vom Verfall des Dollars, von dem so viel abhängt für die eigene Prosperität.

Johann Smidt

In jüngster Zeit greifen die Gespräche wieder einmal die Befindlichkeit des kleinsten Bundeslandes auf, dessen finanzielle Situation besorgt macht. Bremen, quo vadis?

Die Gluckhenne, sagenhafte Begründerin Bremens

Unter der Regentschaft Napoleons hatte der Stadtstaat schon einmal seine Selbständigkeit verloren, der Roland war gezwungen, die französische Kokarde zu tragen. Auf dem berühmten Wiener Kongreß von 1816 verstand es der bremische Gesandte Johann Smidt, die Interessen der Freien Hansestadt, die alte Republik und beginnende Demokratie zu verteidigen und zu erhalten.

Kann der Nienburger Lehrer seiner Klasse diese Fakten verständlich machen, bevor sie sich in die Böttcherstraße begibt? Ob ja, ob nein – etwas Besonderes unter den nordwestdeutschen Städten wird Bremen allemal bleiben.

DAKS Simpson
GROUP PLC

Die Bogner-Kombination: Sport und Mode

Wenn er von der Technik des Abfahrtslaufs sprach, hörten ihm die Leute wißbegierig zu, denn er war in den frühen dreißiger Jahren einer der erfolgreichsten in dieser Disziplin. Die Konsequenz: Willy Bogner begann seine berufliche Karriere mit dem Verkauf von Skiern. Seine Frau Maria, eine attraktive Rheinländerin, ergänzte das Geschäft auf ihre Weise: mit sportlicher Kleidung.

Dann die fünfziger Jahre, golden sind sie zu nennen, weil sich Sport nun mit der Mode vermählt und die Zeitschriften erpicht sind auf alles Neue. Die Bogners durften die deutsche Ski-Olympiamannschaft einkleiden, was einem Gütesiegel gleichkam und den Namen förderte wie ein Empfang bei Hofe.

Eine Tochter und zwei Söhne hat das Ehepaar, und in allen dreien steckt schöpferische Begabung. Willy, der jüngste Sohn, folgt dem Vater insofern, als er die Faszination des »weißen Sports« ins Bild bringt. Auf Skiern mit der Filmkamera gelangen dem Laien Bilder von einzigartiger Dramatik und Farbschönheit.

Willy Bogner, ein Missionar für den Wintersport. Daheim aber auch ein weitsichtiger Unternehmer, dem die Mutter die beste Partnerin ist. Ihre Kollektion bezieht jetzt auch Tennisfreunde, Jäger und Golfer ein.

1970 ehrte die Stadt München sie mit dem Modepreis. Anerkennend schrieb DER SPIEGEL: »Ihre Dirndl, Hemdblusenkleider und Popelinröcke, aus denen sich das typische Bogner-Outfit entwickelt hat, begründet ihren Ruf als eine Art Coco Chanel der sportlichen Mode.«

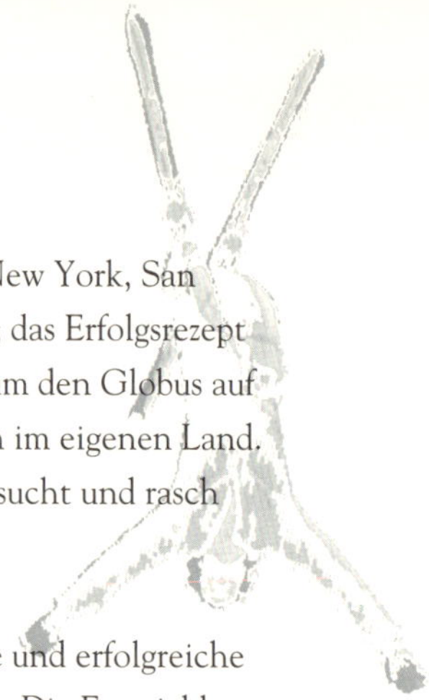

Bogner-Läden eröffneten in New York, San Francisco, Hongkong, Sidney; das Erfolgsrezept »Sport und Mode« traf rund um den Globus auf eine Marktlücke, freilich auch im eigenen Land. Franchise-Nehmer wurden gesucht und rasch gefunden.

In Bremen entstand eine enge und erfolgreiche Zusammenarbeit mit STIESING. Die Entwicklung und Erweiterung von der Klassik zur Moderne einte beide Unternehmen. Heute wäre Stiesing ohne Bogner ebenso wenig denkbar wie das Rathaus ohne die Stadtmusikanten.

B O G N E R

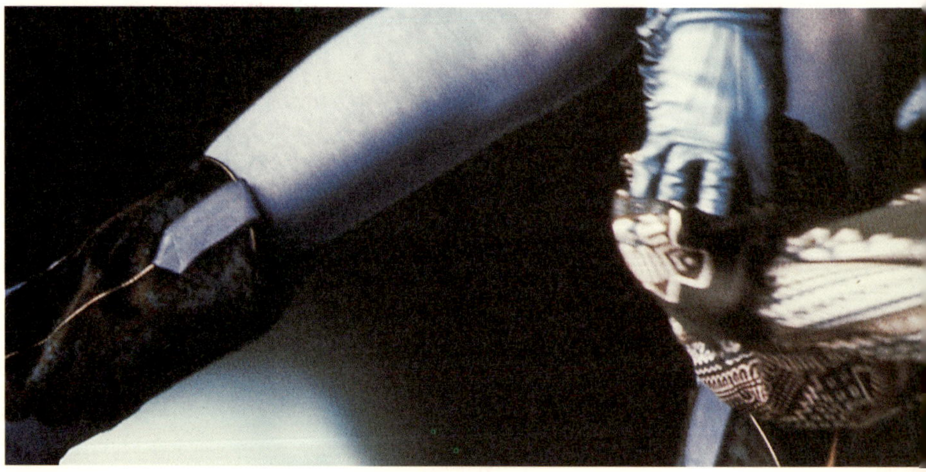

HERMÈS · PARIS
HERMÈS
PARIS

Die Geschäfte

Die Geschäfte des Hauses STIESING

STIESING HERRENAUSSTATTER

Das traditionelle Handwerk, die Liebe zum Detail und die internationalen Renommee-Marken werden hier in langer, ungebrochener Tradition gepflegt. Vom Maßanzug bis zum kleinen Accessoire bietet STIESING alles, was in der internationalen Geschäftswelt verlangt und getragen wird.

STIESING gehört zum Masculin-Modekreis, einem Kreis hochwertiger Herrenausstatter. Sie tauschen Erfahrungen aus und denken über moderne Dienstleistungen nach. Zu den Lieferanten gehören Burberrys, Regent, Brioni, Windsor, Alden, Timberlands, Kiton, Daks, Zegna, Ferragamo, Polo Ralph Lauren, Les Copains, Bogner, Peter Scott, Hermès, Lorenzini und van Laack.

STIESING DAMENMODE

Bremen ist eine männliche Stadt – aber nicht, was die weibliche Mode angeht. Bremerinnen sind gut aufgehoben im Haus STIESING DAMENMODE Am Wall. Sie finden dort Erlesenes der Firmen Polo Ralph Lauren, Sonia Bogner, Lefthand, Details, Aida Barni, Toni Gard, Joop, Isaia, Trust, Todd's, Iris von Armin, Windsor, Etro, Peter Scott, Cucinelli, Deyk, Maxfield Parrish, Cividini, Allegri, Amadeus, Burberrys, van Laack und Bogner. Leitmotiv bei STIESING – typisch bremisch: Mode ist nicht, modisch auszusehen.

Stiesing Juniors

Anfang der achtziger Jahre entstand mit Stiesing Juniors auf dem Katharinenklosterhof ein Fachgeschäft für junge Leute, die auch modisch »in« sind. Es ist ein Trendladen für avantgardistische Mode. 1994 fand eine Erweiterung und damit eine Trennung der Sortimente an gleicher Stelle statt. Junge Business-Bekleidung auf der einen, Sportswear auf der anderen Seite. Zu den Lieferanten gehören: Romeo Gigli, Baldessarini, Windsor, Smedley, Toni Gard, Replay, Blanc Bleu, Epos, Stone Island, Polo Ralph Lauren, Boneville, Production, Diva, Felisi, New England, Lefthand, Bassi, Nicky, Trust Shirt Company, Levi's und Details.

STIESING SCHUH CO.

Das jüngste Mitglied des Hauses STIESING ist STIESING SCHUH CO. auf dem Katharinenklosterhof. Hier finden alle Altersstufen, besonders aber die ab Dreißigjährigen, das passende Schuhzeug – bis hin zur edlen Sonderanfertigung. Zu den Lieferanten gehören Crockett and Jones, Alden, TODS, Robert Horn, Hogans, Timberlands, John Lobb, Ludwig Reiter und Klemann Shoes.

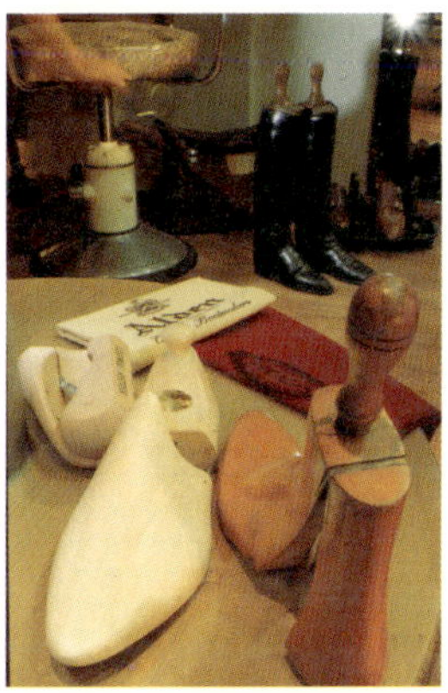

STONE ISLAND

Liesing

Birthday Shooting
Henry Cotton's

Liesing
Herren-Ausstatter
ICHAEL BOGNE

ROMEO GIGLI
SEIT 1895
120% lino
ITALY
Alden
Timberland

Burberrys
HERMÈS
PARIS
MADE IN FRANCE
STONE ISLAND
Made in Italy
STONE ISLAND
3339224
Burberrys

At home anywhere in the world.

Milan · Florence · Lugano · Paris · London · Berlin · Madrid · Istanbul
New York · Beverly Hills · Mexico City · Tokyo · Beijing · Hong Kong · Singapore
And in all other major cities around the world

Herr der feinen italienischen Anzugstoffe

Die Zegnas sind Piemonteser. Als Ermenegildo 1910 die kleine Weberei seines Vaters in Trivero übernehmen durfte, war er gerade zwanzig Jahre alt, Italien noch Königreich und die heimatliche Bergregion um Biella allenfalls Naturkundlern bekannt.

Was kann für einen jungen Menschen anspornender sein als große Vorbilder? Für Ermenegildo waren es die bewunderten Stoffe englischer Webereien. Mit ihnen wollte er seine eigenen eines Tages vergleichen können.
Er schaffte es in nur zwei Jahrzehnten.

Wir müssen uns diesen Ermenegildo als frühreifen Unternehmer vorstellen. Er sorgte für ständige Weiterbildung seiner Mitarbeiter und holte sich Designer ins Haus, um seine Stoffe mit einem typisch italienischen Merkmal zu versehen. Obendrein war er darauf erpicht, seinen Erzeugnissen durch dezente Werbung internationales Renommee zu verschaffen.

Seinen Söhnen Aldo und Angelo fiel die Aufgabe zu, sich der großen Modewelt zu stellen: mit einer kompletten Herrenkonfektion aus Stoffen der eigenen Webereien. Ein mutiges Unterfangen, das zur Zegna-Gruppe führte. Eigene Boutiquen in Paris, Mailand, London, Madrid, Berlin, New York, Tokio und Peking, Partnerschaften mit den führenden Herrenausstattern, in Bremen selbstverständlich STIESING.

Ermenegildo Zegna

Wir machen uns für Sie auf den Weg

STIESING steht ab sofort nicht nur in seinem Geschäft zu Ihrer Verfügung, sondern auch bei Ihnen zu Hause.

Ob Sie in Emden wohnen oder in Oldenburg, in Bremerhaven oder in Bremen, wenn Sie Wünsche haben, rufen Sie unseren Service an: 04 21 – 335 77 66

Von der Krawatte bis zum Maßanzug, von der Unterwäsche bis zum Schuh – wir liefern Ihnen alles nach Haus und bringen Ihnen, falls Sie es wünschen, auch noch anderes aus der Stadt mit, vom Brot bis zum Fisch, vom Käse bis zum edlen Bordeaux.

Natürlich ersetzt das nicht einen Besuch in unserem Hause; denn bei uns sind Sie nicht nur bei STIESING, sondern unmittelbar in der guten Stube Bremens. Und die ist immer einen Ausflug wert.

Stiesing

SEIT 1895

Kleider machen Leute

Nicht mehr, auch nicht weniger

Die Garderobe des jungen Mannes

Jahrelang ist unter jungen Männern die Meinung vertreten worden, auch in Jeans und offenem Hemd könne man die eigene Persönlichkeit herausstellen, Schlips und Kragen seien überholte, provinzbürgerliche Attribute. Widerspruch kam von einer Minderheit, die beharrlich den Standpunkt vertrat, eine gewisse Korrektheit im Äußeren sei durchaus angebracht und beweise Sinn für Kultur.

In dieser Kontroverse scheinen uns die Tatsachen hilfreich. Sie besagen nämlich, daß zu bestimmten Anlässen die entsprechende Kleidung erwartet wird. Um Unklarheiten vorzubeugen, pflegen Gastgeber in ihren Einladungen dezent darauf hinzuweisen. Damit vermeiden sie jenes vielbelächelte Overdressed oder Underdressed.

multi-pointed fold

Guter Stil ist also keineswegs obsolet, wie uns Pessimisten einreden wollen. Sich modebewußt zu kleiden, ohne deshalb geckig zu werden, gewinnt wieder an Bedeutung. Guter Stil läßt immer auch Sensibilität gegenüber den Mitmenschen erkennen. Ein Abend im Theater sollte sich partout unterscheiden vom Abend in der Kneipe. Dem Wirt braucht man keine Reverenz zu erweisen, den Künstlern auf der Bühne sollte man unbedingt.

Eine Antwort auf die häufig gestellte Frage, was denn nun wann zu tragen ist, geben wir in Anschluß. Erst beschäftigen wir uns mit der Garderobe des jungen Mannes, wie sie sich nach und nach ergeben wird. Ob ein Smoking schon vorhanden sein muß, wird jeder für sich zu entscheiden haben. Unerläßlich hingegen ist eine Oberbekleidung, die international vielen Anlässen gerecht wird: der dunkelblaue Blazer.

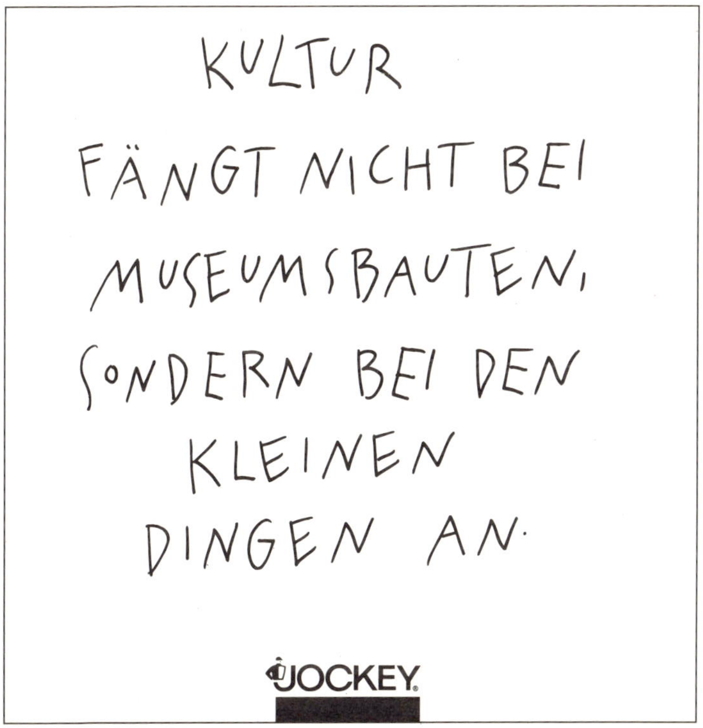

Herrenausstatter bestehen zumeist auf der zweireihigen Version, mit drei Knopfpaaren, zwei Patten oder zwei aufgesetzten Taschen, Seitenschlitzen und Spitzrevers. Also klassisch und maritimer Tradition angemessen. Einreihig hingegen ist er sportlicher und ob mit oder ohne Goldknopf bleibt dem persönlichen Geschmack des Trägers überlassen.

Mit dem einfarbigen Anzug, grau oder dunkelblau, in den sechziger Jahren als „Börsenzwirn" verspottet, wird so mancher junge Mann sein Tun haben, auch wenn Anzüge in bestimmten Berufssparten gang und gäbe sind. Greifen wir etwas tiefer ins Füllhorn der Mode, und zwar nach den Sakkos, die derzeit jedem Geschmack entgegenkommen.

Sakkos lassen sich mit Jeans – freilich der besseren Art – und mit jeder Bundfaltenhose kombinieren. Auch ein Tweedjackett kann des jungen Mannes Freude sein, englisch leicht tailliert und auf den Ellenbogen zünftig mit Leder bestückt. Derbe braune Schuhe gehören ebenso dazu wie eine Fliege oder eine breite Strickkrawatte.

Ein Vorrat an Hemden hilft aus mancher Verlegenheit, wobei das Button-down-Hemd für alle Tage keiner Erwähnung bedarf, sofern es nicht den Wäscheschrank monopolistisch beansprucht. Denn immer gibt es Gelegenheiten wie Empfänge oder Abendparties, zu denen ein hellblaues oder weißes Hemd mit einem Tab-, Hai- oder Kentkragen die treffendere Wahl wäre.

Die Krawatte ist heute in den unglaublichsten Variationen zu erstehen. In der Farbpalette ist alles vertreten, die Muster reichen von dezent bis abenteuerlich. Polyester hat sich als Material eingeschlichen, aber die noble Erscheinung der Seide nicht erreicht.

»Schaut auf die Schuhe«, möchten wir den jungen Leuten raten. Nicht die Anzahl macht's, sondern die Qualität. Zehn und mehr Stunden täglich müssen Schuhe unser Körpergewicht ertragen. Da wäre es purer Leichtsinn, nach irgendwelchen modischen Produkten zu greifen. Die Erfahrung lehrt, daß nur wirklich gute Schuhe an die Füße gehören, deren Haltbarkeit denn auch, sofern sorgsam gepflegt, beträchtlich ist.

Button-down-Kragen

Hai-Kragen

Kent-Kragen

Tab-Kragen

Halten wir uns an bewährte Vorbilder, dann gehören zur Grund-Garderobe junger, ambitionierter Männer folgende Details:

- ein dunkelblauer Blazer
- ein einfarbiger Anzug
- ein gemustertes Sakko
- ein Leinensakko für den Sommer
- eine dunkelblaue Wollhose
- eine anthrazitfarbene Wollhose
- eine beigefarbene BW-Hose
- eine Five-Pocket (Blue Jeans)
- drei Button-down-Hemden
- drei Hemden mit Kent-, Hai- oder Tab-Kragen
- zwei Polohemden
- graue und blaue Kniestrümpfe
- ein Paar Schuhe zum Schnüren, glatt, braun
- ein Paar Schuhe zum Schnüren, Brogue oder Budapester, schwarz
- ein Paar Slipper, braun
- zwei Lambswool-Pullover
- fünf Krawatten
- zwei Fliegen
- ein schwarzer Gürtel
- ein brauner Gürtel
- eine Lammvelour-Jacke

Die große Herren-Garderobe für bedeutende Anlässe

Bei aller Liberalität, an die wir uns gerne gewöhnt haben und die im Gefolge hat, daß wir die Dinge lockerer nehmen, ist gleichwohl hier und da eine gewisse Etikette gefragt, zumal dann, wenn offizielle Empfänge, große Hochzeiten, Jubiläen oder Ehrungen bevorstehen.

Mit der Liberalität geht aber auch, was die Kleidung anbelangt, eine grassierende Unsicherheit einher. Wann ist man wo und bei wem richtig in Schale? Diese Frage beantworten versierte Gastgeber, indem sie Einladungen mit einem Vermerk bezüglich der erbetenen Garderobe versehen. Schon dadurch wird die Bedeutung einer Veranstaltung betont.

Lassen wir den dunklen Anzug, obwohl er für viele Gelegenheiten der beliebte und angemessene Habitus ist, beiseite, dann hat der Mann bei bedeutenden Anlässen kaum eine Wahl. Seine Begleiterin mag jedesmal neu und aufregend gewandet sein, ihm bleiben nur Frack oder Smoking.

Das Einstecktuch

puffed fold

Der FRACK ist unbestritten die ganz große Abendgarderobe; man trägt ihn nur, wenn ausdrücklich vorgeschrieben. Seine Merkmale sind die kurze Jacke mit Schößen und Hosen, deren Seitennaht zwei Galons zieren, weißes Hemd, Piquè-Weste und Schleife aus dem gleichen Material. Zum Frack werden grundsätzlich schwarze Lackschuhe und seidige, lange Strümpfe getragen. Ist Kopfbedeckung erforderlich, dann nur Zylinder.

Die Schleife

Der CUT, seiner englischen Herkunft gemäß auch »Cutaway« genannt, gilt als Nachfolger des Gehrocks. Seine Schöße sind vorne gestutzt, wodurch ihm die Steifheit des Fracks genommen wird. Ein weiterer wichtiger Unterschied: Der Cut ist ein Tagesanzug. Man trägt ihn zu Trauungen, offiziellen Besuchen, Staatsempfängen oder Rennbahn-Veranstaltungen mit schwarz-grau gestreifter hose. Für die Weste wird vorwiegend Perlgrau oder Beige gewählt, danach richtet sich auch die Farbe der Handschuhe. Statt einer silbergrauen Krawatte kann auch der Plastron mit Anstecknadel gewählt werden. Die unvermeidliche Kopfbedeckung ist der Zylinder in Grau oder Schwarz.

Der SMOKING hat internationale Gültigkeit. Seine Beliebtheit verdankt er den Modeschöpfern. Früher durchweg klassisch schwarz und konservativ im Schnitt, ist er heute ebenso in Nachtblau, Dunkelrot, Anthrazit oder Weiß, mit Seidenspiegel am Schalkragen oder Spitzfasson einreihig oder zweireihig verarbeitet. Das Material: Feines Mohair oder leichte Wolle. Das Hemd mit verdeckter Knopfleiste wird von Paspeln oder Rüschen aufgemuntert. Statt eines normalen Kragens ist auch Stehbund mit kleinen Kläppchen en vogue. Die Schleife als Halsschmuck muß nicht mehr schwarz, sie kann ebenso dunkelrot oder schottisch kariert sein. Ein Muß bleiben schwarze Lackschuhe und lange seidene, schwarze Strümpfe, denn der Smoking ist grundsätzlich ein Abendanzug.

Der Stresemann, gleichfalls ein Tagesanzug, ist rein deutscher Herkunft und geht auf den Außenminister der zwanziger Jahre, Gustav Stresemann, zurück. Wohlgemerkt, am Abend oder im Theater wäre der „Stresemann" deplaziert. Als die Bundesrepublik noch jung war, wurde er oft und gerne getragen zu Staatsempfängen, Banketten, Konferenzen oder Trauerfeiern. Das Sakko ist einreihig, schwarz und ein wenig tailliert, das Hemd weiß, die Krawatte grau, ebenso die einreihige Weste. Den offiziellen Charakter betont die schwarz-grau gestreifte Hose.

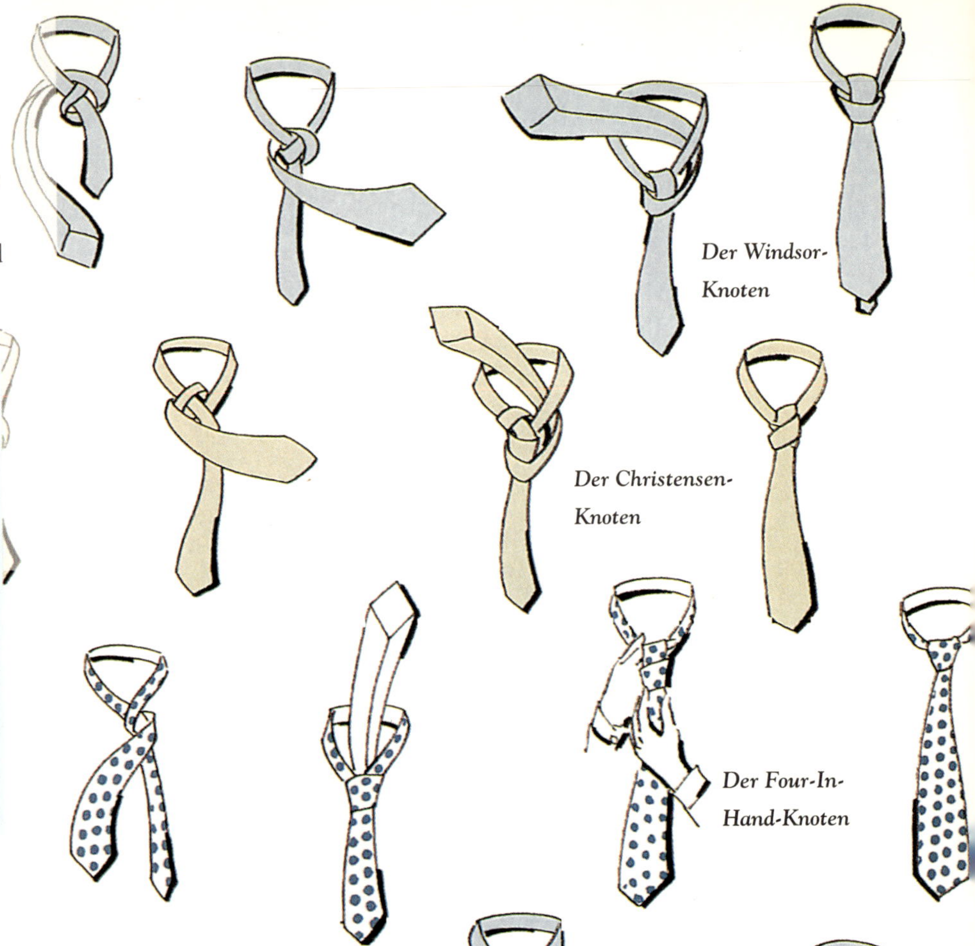

Der Windsor-Knoten

Der Christensen-Knoten

Der Four-In-Hand-Knoten

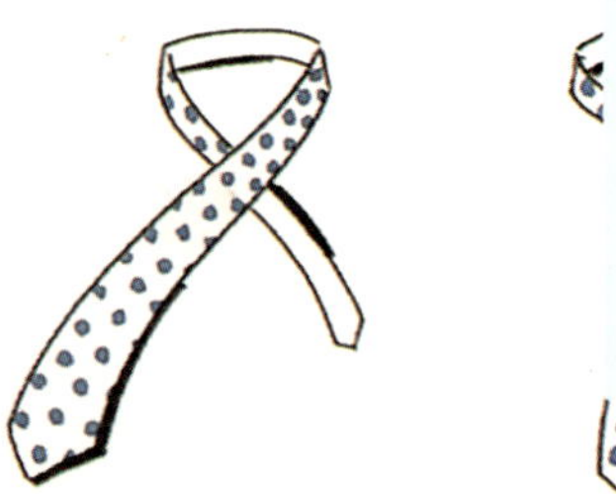

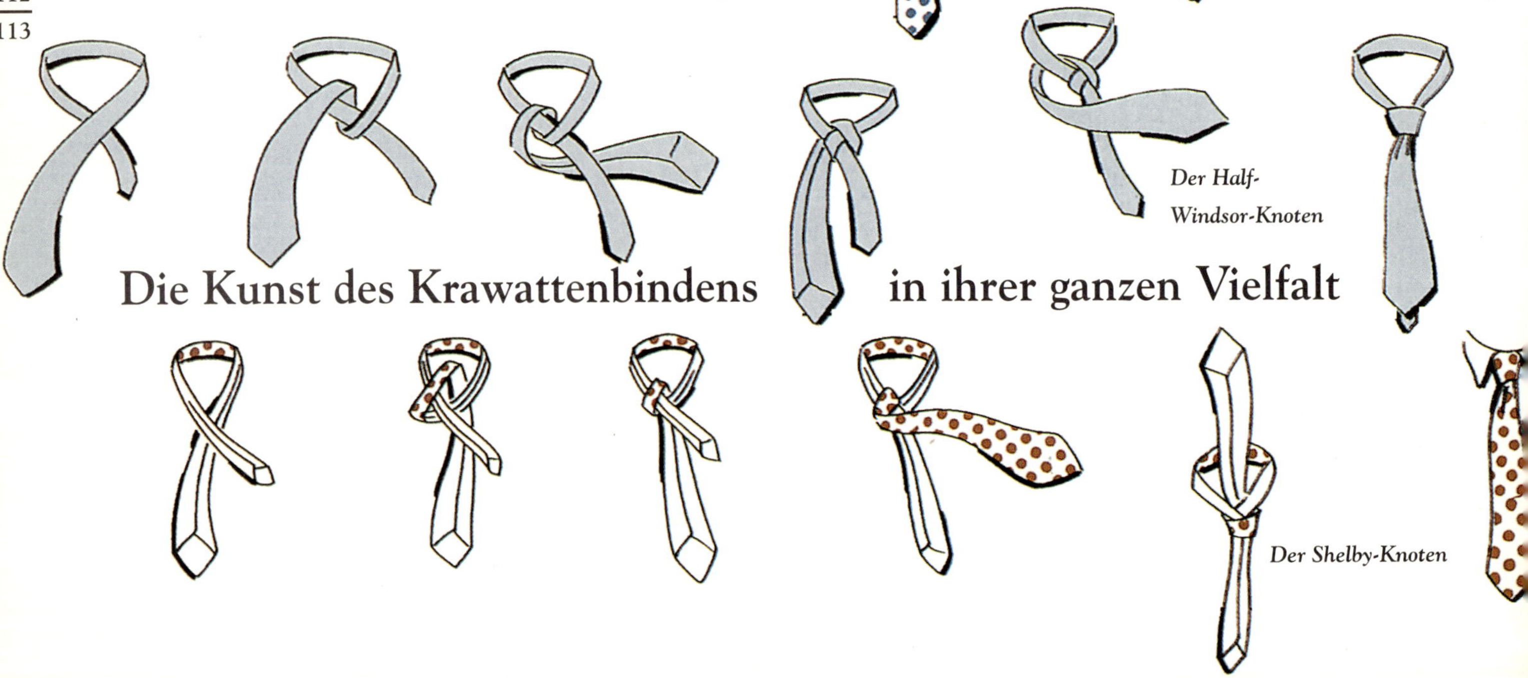

Der Half-Windsor-Knoten

Die Kunst des Krawattenbindens in ihrer ganzen Vielfalt

Der Shelby-Knoten

Schuhe

Den feinen Herrenschuh schert die Mode nicht

Im Oktober 94 gönnte sich STIESING eine weitere Premiere in der Firmengeschichte. Ohne laute Festivität eröffnete in der Katharinen-Passage ein Schuhladen, der die alte Weisheit beherzigt: Weniger ist mehr. Nur kenntlich gemacht durch den gewohnten Schriftzug, verzichteten die Inhaber auf jedwede Werbemittel. Man bleibt bremisch gediegen.

Wer freilich ein Auge für erlesenes Schuhwerk hat, wird alsbald die wenigen großen Namen der Branche erspähen: Alden aus Amerika, der das anerkannt beste Pferdeleder verarbeitet; Crockett & Jones und John Lobb aus England, Schuhmacher mit weltweiter Reputation und gewürdigt durch das Königshaus; Ludwig Reiter aus Österreich, der Kalbsleder bevorzugt und dem typischen Wiener

Leisten treu bleibt; Eduard Meier aus Deutschland, der die Korkeinlage für federnde Elastizität erfand.

Das STIESING-Sortiment für Herren verheißt keine Überraschungen. Die Modelle im traditionell englischen und Budapester Stil bleiben immun gegen modische Einflüsse. Ihre exquisite Qualität wird dem Kunden bereitwillig interpretiert: das Leder pflanzlich gegerbt, die viele Handarbeit ein unverkennbares Merkmal. Auch wie der Rahmen, ein schmaler Lederstreifen, Oberleder und Brandsohle zusammenhält, ob Sohlen geklebt oder zwiegenäht sind, darin offenbart sich der Wert und die Freude auf lange Lebensdauer.

Gleichwohl ist man bei STIESING darauf eingerichtet, daß Kunden spezielle Wünsche äußern werden, die auf Maßarbeit hinweisen. So schien es fast selbstverständlich, sich der Hilfe eines ausgewiesenen Meisters zu versichern. Benjamin Klemann aus Schleswig-Holstein wird zu verschiedenen Terminen vor Ort seine Handwerkskunst vorführen und Maß an den Fuß legen.

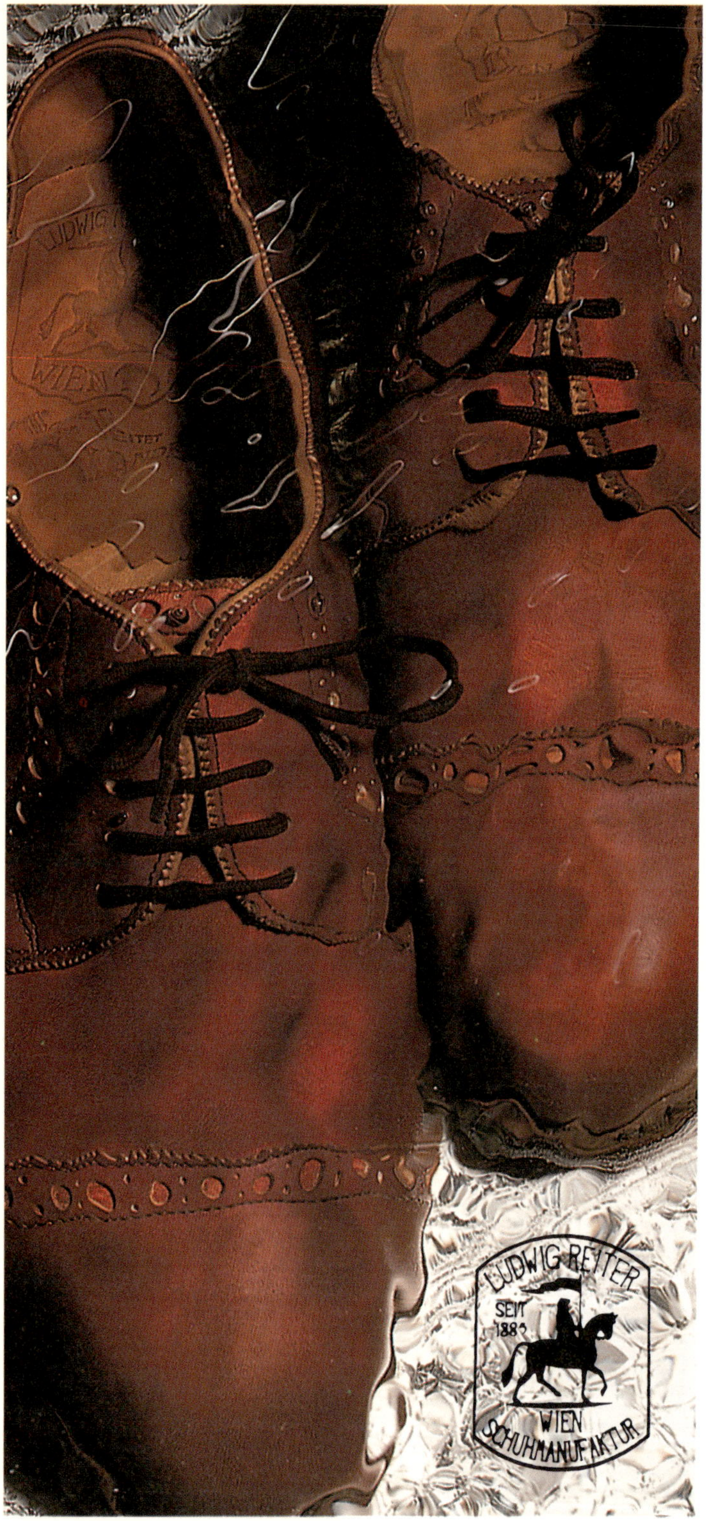

Dies ist schon viel, aber noch nicht alles. Auch die Pflege des Leders bedarf einiger Anmerkungen. Den so sorgfältig gearbeiteten Herrenschuh nur mal eben einzucremen und blankzuputzen wäre Frevel am teuren Objekt. Als probate Regel gilt: ihn nach jedem Tragen sofort auf Holzspanner ziehen, um die Falten zu glätten, und – falls nötig – ihn mit lauwarmem Wasser abspülen.

Ist er gründlich getrocknet, beginnt die Prozedur des Cremens, wobei die Finger mit einem weichen Tuch kreisende Bewegungen vollziehen. Ein bißchen Spucke darf die Creme durchaus begleiten. Danach soll der Schuh einen Tag lang ruhen, bevor er auf Glanz getrimmt wird. Bei STIESING verbürgt man sich für fachmännischen Rat, für erprobte Pflegemittel und verweist schmunzelnd auf das Postulat englischer Hof-Schuhmacher: Gentlemen putzen ihre Schuhe selbst.

AIDA BARNI di ANNAPURNA
oder das Geheimnis der höchsten Cashmere-Oualität

Die Zeitschrift »UOMO HARPERS BAZAAR« schrieb in einem Interview mit Aida Barni-Galli: »Sie gehören zu denen, die am meisten zum Durchbruch des Cashmere made in Italy beigetragen haben, eines Produkts, das im Vergleich zur englischen Tradition nach innovativen Kriterien entworfen, ausgearbeitet und produziert wird.« Das ist mehr als ein Kompliment. In der Tat, die Geschichte der feinsten italienischen Cashmere-Strickwaren ist die Geschichte der Annapurna S.p.A. in Prato. Das Unternehmen, dessen Name nicht von ungefähr an das mächtige Himalaja-Massiv, die Heimat der Cashmere-Ziege, erinnert, profitiert seit seiner Gründung 1978 von einer besonders günstigen Konstellation von Wissen und Können. Engster Berater von Signora Aida Barni-Galli, der Alleininhaberin des Unternehmens, ist einer der großen Garnspezialisten und Cashmere-Experten der Welt: ihr Ehemann Pier Luigi Galli. Er ist der ideale Quell des technischen Wissens von der edlen Naturfaser Cashmere. Das Unternehmen Annapurna verdankt seinen erstaunlichen Aufschwung und die in wenigen Jahren errungene Führungsposition im Cashmere-Geschäft jedoch der Intuition und Tatkraft seiner Chefin. Aida Barni ist eine der wenigen Unternehmerinnen, die sich im Sinne eines traditionsreichen Spezialistentums mit ihrem eigenen Namen uneingeschränkt der Philosophie der Spitzen-Qualität verpflichtet haben. Auf diese Weise entstehen Erzeugnisse, die weit über der populären Tagesmode angesiedelt sind. Doch nicht nur gleichbleibend hohe Produktqualität, unverwechselbarer Stil und eine außergewöhnliche Farbenpalette, sondern auch wohlüberlegte Informationspolitik zeichnen Annapurna aus.

So wurde auf Initiative des Unternehmens 1986 eine Cashmere-Konferenz einberufen. Im gleichen Jahr veröffentlichte Edizione Annapurna das Buch »Cashmere – kostbare Faser, noble Mode« von Claus A. Froh und Pier Luigi Galli, das die Kompetenz des Hauses dokumentiert und das inzwischen als Standardwerk gilt. 1993 erschien die zweite aktualisierte Auflage in vier Sprachen.

Für 95 % der Produktion werden ausschließlich »Cashmere Two Ply«, zweifädiges Caschmir-Garn, und superfeine Cashmere-Seide verarbeitet. Das überaus feinfädige, gezwirnte Garn ist weicher, widerstandsfähiger und elastischer als das sonst gebräuchliche einfädige Cashmere-Garn. Während normales einfädiges Cashmere-Garn einer Fadenlänge von 13.000 bis 16.000 m pro kg entspricht, werden für die aus zwei Fäden gezwirnte Spitzenqualität 28.000 Meter pro kg vom besonders langfaserigen Rohmaterial benötigt. Dieses »Cashmere Two Ply« ist so fein gesponnen, daß es gezwirnt kein größeres Volumen als einfadiges Garn aufweist, jedoch ein Vielfaches seiner positiven Eigenschaften.

Die Verarbeitung ausschließlich höchster Cashmere-Qualität, das unverwechselbare Design und das sichere Gespür für Farben und Modetrends haben die Produkte der Annapurna S.p.A., insbesondere aber die Kollektionsmarke »Aida Barni« den Inbegriff edler Cashmere-Strickwaren in italienischem Stil – für anspruchsvolle Kenner in vielen Ländern der Welt berühmt und begehrt gemacht.

Nico Laetus

Wer das Etikett »AIDA BARNI Cashmere Two Ply« entdeckt, hat Außergewöhnliches gefunden – die noble italienische Strickmode der höchsten Cashmere-Qualität: weich und wärmend, leicht und zart, kostbar und edel.

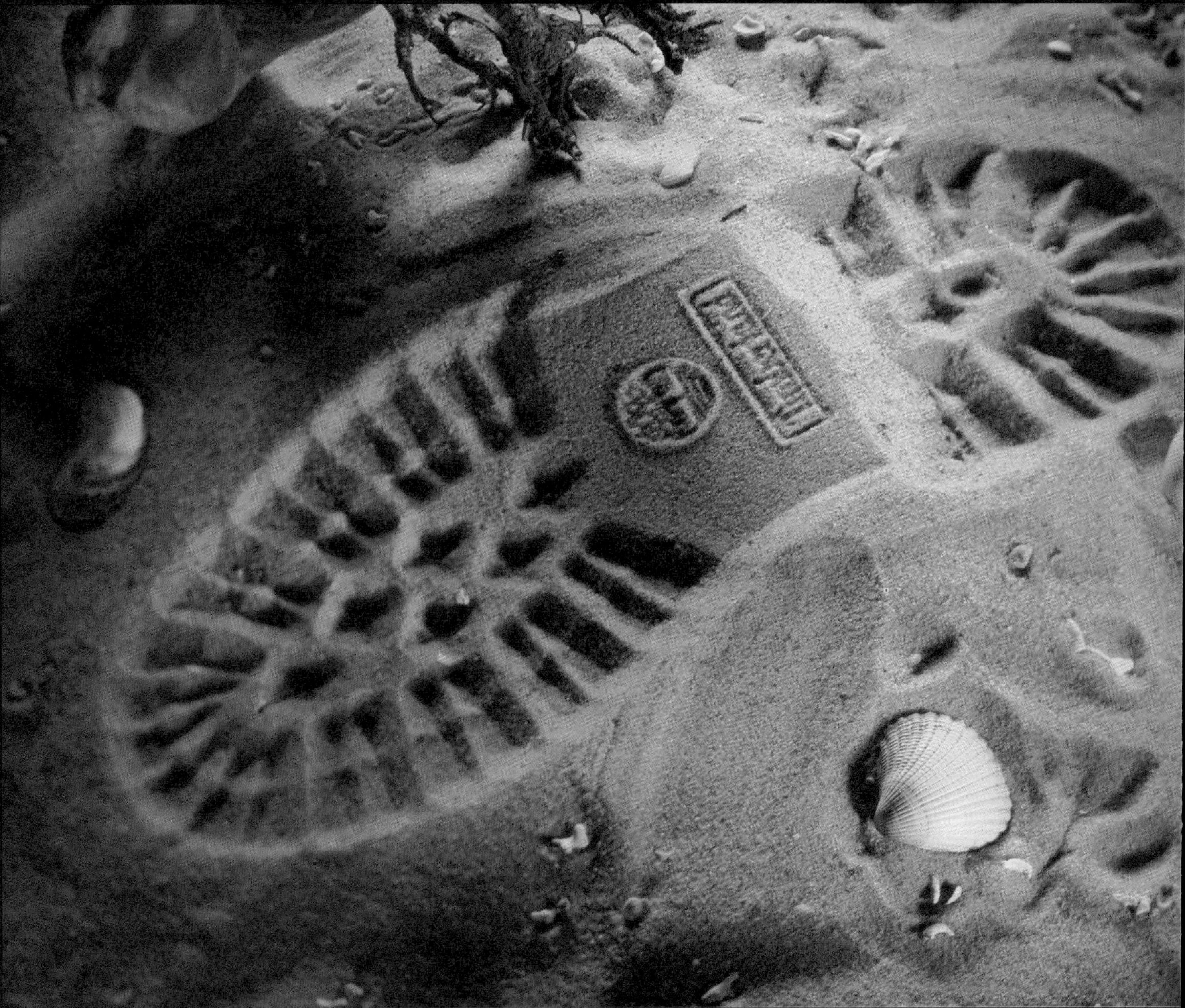

Erscheinungsbild/Werbung

Das Corporate Design

Ein Firmenbild aus einem Guß

Mit einem Logo signalisiert ein Unternehmen, daß alles, was geschieht, auf Gemeinsamkeit und Absprache beruht. Jeder Mitarbeiter, jedes Mitglied, jeder Konkurrent und jeder Kunde weiß, mit wem er es zu tun hat, das Unternehmen spricht in einer Sprache: der Unternehmenssprache.

Im ersten Schritt legte man im Hause STIESING fest, als was und wie man sich präsentiert. Das Logo ist Symbol dessen, was man tut und wie man es tut. Hier findet die Firma ihre hiostorische Dimension und ihren Geschäftszweck in Form, Farbe und Gestalt ihren Ausdruck. Diese drei Grundpfeiler der Darstellung wurden 1992 auf alle kommunikativen Elemente wie Anzeigen, Geschäftspapiere, Einkaufstüten, Prospekte usw. übertragen. So wird im Lauf der Zeit das Logo zum Symbol einer Idee: des Hauses STIESING.

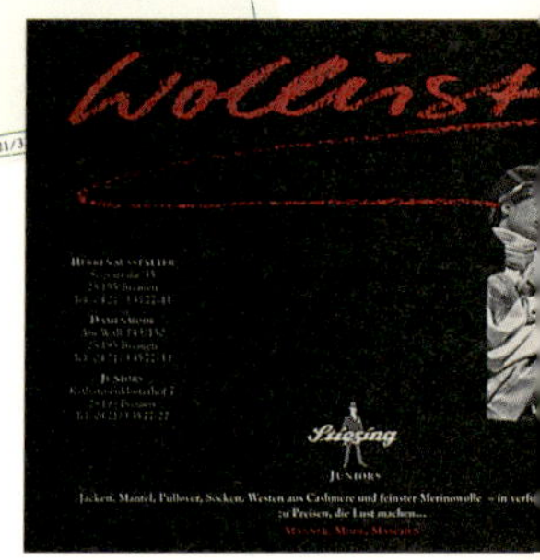

Jedoch kommt es bei einem einheitlichen Erscheinungsbild nicht nur auf Farbe, Form und Inhalt an. Eine Organisation, die eine Sprache spricht, legt auch viel Wert auf ein Sprachklima und auf Attribute wie Pünktlichkeit, Service, Zuverlässigkeit und Kreativität. Erst die Summe all dieser Eigenschaften ergibt ein vollständiges Bild der Firma für die, die in ihr arbeiten, und die, mit denen sie in geschäftlicher Verbindung steht.

Die Gesamtheit aller Unternehmensdarstellungen nennt man Corporate Identity. Mit dem Corporate Identity ist es gelungen, dem Haus STIESING eine eindeutige Positionierung im Markt zu geben. In Zukunft geht es darum, das, was man ist und wie man ist, nicht nur in die Öffentlichkeit zu bringen, sondern gemeinsam mit den Mitarbeitern, auch auf eine Firmenphilosophie zu übertragen, die die »Zukunft Dienstleistungsgesellschaft« als Herausforderung betrachtet. Geschichte wird gemacht, es geht voran.

Stiesing

SEIT 1895

Dezent in den Farben, exklusiv im Design

In einer Zeit, da selbst die bekanntesten Hersteller befürchten müssen, daß ihre Erzeugnisse kopiert werden, sind Ausnahmen rar geworden. Zu ihnen zählen wir Harrisons of Edinburgh , deren Schottenstoffe den Vorzug haben, einzigartig zu sein.

Als im Hause STIESING die Idee beraten wurde, zum Jubiläum vom Pfad des Gewohnten abzuweichen, die Kundschaft mit Einmaligem zu überraschen, fiel die Wahl auf die Meister in Edinburgh. Ihnen wurde die Bitte angetragen, einen Schottenstoff exklusiv für die Bremer Adresse zu entwerfen.

Das Ergebnis ist Mr. Cameron Buchanan zu verdanken, Geschäftsführer und zugleich maßgeblicher Designer bei Harrisons. Er entschied sich für ein halbdunkles Grün als Grundton, kombiniert mit einem matten Blau. Das einzeilige Karocheck erscheint in einem Senfton, das doppelzeilige Karocheck in einem Rostrot.

Auf den ersten Blick unverkennbar schottisch. Bei genauem Hinsehen verrät der Entwurf seine Exklusivität: made for STIESING only. Das herrliche Wollmaterial wird seine Schuldigkeit tun – als Rock oder Innenfutter für Jacken und Mäntel. Und das Design erfährt eine Fortsetzung auf Geschirr, Aschenbechern und weiteren Nützlichkeiten.

»Das STIESING-eigene Design«, sagt Mr. Buchanan, »soll an das Jubiläum erinnern und die Kundschaft über die Jahre erfreuen.“

rahm.
Born=
Ansgariithor.
Contrescarpe
Heerdenthor.
Heerdenthor
Am Wall
Am Wall
Heerdenthors=
wall=
strasse
Schüsselkorb
Stadt-Bibliothek
Knochenhauerstr.
Spitzenkiel
Wegesende
Wallst.
Schütz.wallstr.
Schwanenstr.
Jacobistr.
Logo
Erholung
strasse
Pelzerstr.
Ansgariithorstr.
Ansgarii-Kirche
gr. Hundestr.
Lloyd
Söge=
Catharinenstr.
Altenw.
Oelmühlenstr.
Hankenstr.
U.L.Fr. Kirche
alte Börse
filterstr.
Langwedlerst.
Obern=
strasse
Fleischhalle
Am
Brill
Neuenw.
Hut=
hint. Brill
Molken=
strasse
Post
Rathhaus
Markt
Börse
Langen=
strasse
Waage
Kahlenstr.
Pieperstr.
Sentstr.
Starkenstr.
Schlachte
Martini
Breedenstr.
Kirchenstr.
Martinikir.

Komm in die
Stadt, und

Inhaltsverzeichnis

werde Kaufmann